続 検事よもやまばなし

廣 瀬 哲 彦

まえがき

前著「検事よもやまばなし」を上梓してから三年ほど経ちました。

その間、前著をお読みくださった方々の中から「続編を出してほしい」との要望がかなり多く寄せられて、望外の喜びを感じたのですが、ふと、その愛読者皆様のご好意に対して、それ相応のお返しをするのが礼儀であり責務であろうと気がつき、この「続 検事よもやまばなし」を起草することを決意いたしました。

話の中軸は、検察という組織に接するものですが、ただそれだけでは愛想がなかろうと、それに若干身近の随筆めいた小文を配合しました。

前著同様、微苦笑を誘い哄笑を呼ぶ場面が少なからずあると思いますが、それがその頃の時代相であり人間像でありましたので、ありのままを描きました。どうか気軽に御覧いただきたく思っております。

なお本書の出版に当たっては、前著同様司法協会のご尽力をいただいたことをここに記し、謝意を捧げます。

平成三十年　夏

廣瀬哲彦

もくじ

淡藤《あわふじ》の章

青藍《せいらん》の章

深緋《こきひ》の章

白菫《しろすみれ》の章

淡藤の章

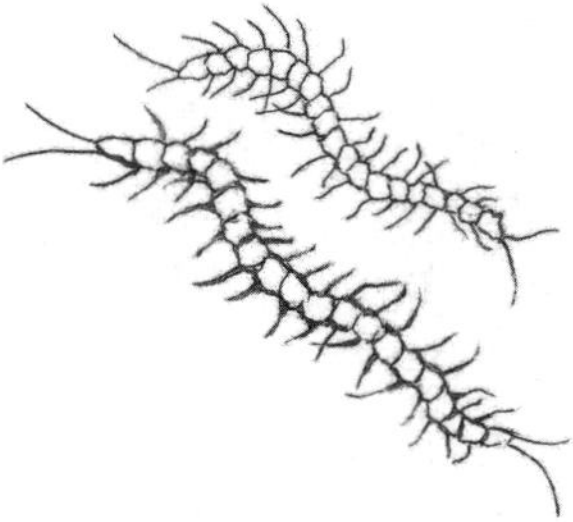

春を待つ検事

名立たる豪雪地帯の検察庁の一室で、主任検事と上司とが勾留期間の満了が二、三日後に迫っている殺人事件の処理をめぐり、長時間検討を続けていた。

詳細な自白はあるが、肝心の凶器である出刃包丁が出てこないのだ。被疑者によれば殺害後降りしきる雪の中を逃げながら、証拠隠滅のため、途中包丁を雪溜まりに投げ込んだということだった。

包丁の形状も投げ捨てた場所も被疑者の書いた図面があり、殊に包丁の長さ、巾、厚さは死体解剖時に鑑定医の測定した傷そのものと、ほぼ一致していた。凶器はこの包丁だと信じてもいいような図であったため、主任検事は、

「包丁は出てこなくとも、被疑者の自白調書と図面だけで取りあえず起訴しておいて、包丁は雪解けを待って探し出せばいいと思う」と言っていた。しかし、これに対して上司は、「重要事件だから起訴しないわけにはいかないが、凶器が無いままだと不安だし、確信をもって有罪を取る、とは言えない」と渋っているのだ。

たしかに、殺人罪の調べにおいては、検事が被疑者に凶器を示して「これで殺ったことに相違ないか」と問い、相手の「確かにこれです。その形、長さ、厚さ、お示しの物で刺し殺したことに間違いありません」との答えを得てから起訴するもので、勿論この主任検事も捜査経験上それは知っていたが、「今の季節に雪溜まりの中の包丁を探し出すことなど、到底無理です」という警察の強い意向を汲み、勾留の残り期間の少ないことも考慮に入れて積極意見を述べているのだ。

しかし、これには上司の立場も考えてみる必要がある。もしこれを殺人罪で起訴してしまった後から姿を現した包丁が、被疑者の書いて提出した図面と似ても似つかない物で、そのうえ本人が「俺はこんな包丁を見たことはないね。第一俺は人を刺したりなんかした覚えはない」等と言い出せば検察は引っ込みがつかなくなり、物議を醸し結局、検察側の敗北する可能性が目に見えていたから、自分の監督執務する庁で「殺人無罪」というような芳しくない判決を受けたくないことは十分理解できることだった。

しかし、上司の気持ちは分かっても、今は目の前の殺人事件の処理方針を最優先すべきである。そこで、主任検事は言った。

「貴方は最近暖かい地方から赴任してきたばかりで、この地方の雪を知らない。ここの雪は初めの頃降ったものが底に溜まり、それが根雪となって春まで残るんですよ。雪はその上へ遠慮会釈なく毎日毎晩降り続け、今この窓から見られるように、大人の背丈以上に積もっていきますから、この降りしきる中、雪溜まりに投げ込んだ包丁など、底の方で雪に固められていて、これを掘り出すなんてことは人間業ではできないのです。人間としては、春が来て雪がスッカリ溶けてから探すしか方法はないのです」と上司の決断を促す強い口調で言ったが、それでもなお何か考えているような上司に言った。

「このままでは起訴は難しいと仰るならやむを得ません。被疑者を釈放しましょう。ただし申し上げておきますが逃亡は必定です。それに彼はやけっぱちになっていますから第二、第三と、同じような事件を起こす可能性もあります。今のあの男なら人間一人を殺すも何人殺すも同じだくらいに考えているでしょう。そんな人間を釈放して世間を脅《おびや》かすよりも、身柄を拘束したまま裁判にかけ、それが万一間違いで無罪ということになっても、これは私、主任検事の見込み違いであったということで非難は全面的に私が受ければ足ります。それでいいじゃないですか。検察庁が包丁一本を見つけられず殺人の容疑のかかっている男を野放しにしたため、そいつがあちこちで事件を起こしている、ということになると人々は一体、検察庁というのは何をしている所だと庁の名誉にも関わることになると思いますよ」とここまで話すと、上司も渋々起訴に同意した、ということだった。

この主任検事は十数年前のこの事件を振り返り「北国の検事はきついよ。日常の事だけではなく、雪と上司を相手にしなければならないからね。あの時ほど早く春が来ないかなあと思ったことはないね」と言って笑った。

酷暑の南国に行かされ、あるいは、極寒の北国に飛ばされながら国の平穏を守るのが、検事の宿命というものだろう。

おしゃかになった一家皆殺し

新任地へ着任した日の翌朝、慣例により関係官公署へ挨拶回りに出掛けようとした矢先、全く異例のことだが、緊急の相談事があるから、午前中時間を空けてほしい、と言ってきたのでやむなく承知した。発信元は、この地方では最も捜査能力の高いと言われている警察署で、間もなく、七、八名の幹部がやってきた。

会議室へ入って行くと、まず、上長らしいのが自己紹介し続いて各自の氏名とその職名を紹介した。

そして相談事というのは、残りあと七日間で十五年の時効が完成してしまう一家五人皆殺しの事件につき、もうこれ以上どうしようもないから一週間したら「時効完成」ということで事件を送りたい、ということだった。

当時は、死刑に当たる罪は十五年で時効が完成することになっていて、犯罪行為が終わったときから十五年が経過すると、検事は起訴して裁判に持ち込むことができなかった(ただし、現在は、死刑に当たる罪には時効はないことになった)。

出だしを聞いていただけで検事はがっかりした。一家皆殺しというような、滅多に起こらない大きな事件の捜査を、十五年近くやっていながらおしゃかにしてしまうような所に転勤してきた身の不運を嘆いた。

やってきた幹部の中には、事件当時の捜査関係者は一人もいなかった。転勤したり、退職してしまったのだろう。だからその日は各人から、捜査に従事した人達から直接間接に聞いたことの範囲内の説明を受けるだけだった。

事件は、郊外の木造二階建ての一軒家で、真夜中に発生した。他人が屋内に立ち入った形跡は全くなく、全部死人だから犯人の見当もつかない。五つの死体には損傷など全くない。そのうえ、指紋、掌紋、足跡もなく、遺留品はもちろん目撃者もないという、ないないづくしのものだった。

とにかく世間にあまり類のない大量殺人のため、それこそ警察はその名誉に掛けても犯人を検挙すべく、初動捜査から夥しい数の捜査員を投入して十五年近くもその付近をすきまなく、虱潰しに調べたろうに、犯人の輪郭さえも浮かんでこなかったのは、捜査がまずいのではなく、犯行の手口がきわめて巧妙なのだと思い、長年にわたる捜査の概要を聞きながら、これからは従来の捜査方法では解決し得ない事件が、次々に出現してくるのではないか、と感じた。

そんな感想に耽《ふけ》りながらも検事の指先は、机上に広げられた手垢のついた、色あせた実況見分調書に添付された現場写真を一枚一枚めくっていた。一家心中かな、とも思った。

被害者宅の玄関が写っていた。引戸式の曇りガラスを嵌めこんだ格子造りで、向かって左端最下段の一枠の一枚のガラスが、大人の拳一つが入るくらい割られていて、砕けたガラスの破片が粉々になって玄関の内側に飛び散っており、次のページには、その破損箇所から右斜め奥一メートル半くらい離れた三和土《たたき》の上に伏せられた、目の粗い大型の竹籠の中に、白い大振りの鶏が両羽をいっぱいに拡げてベットリ三和土に貼りついていた。心中する者が鶏を道連れにするわけはない、やはり殺人だ、と合点がいった。

それでは殺害方法はということになるが、この目で見て分かったことは、割れたガラス板と鶏の死体の二点であり、この二点と五つの死体を結び付けるものは推理しかなかった。

人が屋内に立ち入った形跡がない、というのであるから、当時、撮影された写真による以外にない。それは破損された玄関ガラスの穴、三和土にへばりついた鶏、それに五つの死体だ。身体に損傷がない、というのだから拳銃や刃物でやられたのではない。残るは毒殺だが、人は入っていないのだから飲ませたわけではないだろう。そうなると毒ガスのような毒性を有する気体を、割ったガラスの中へ手を入れて、屋内に向けて噴射したと考える以外にない。

鶏は地を這うように迫ってきた気体に真っ先にやられ、五人は奥へ奥へと進んでくる気体を吸ったまま、落命したのだろう。

事件発生後に屋内の実況見分に当たった捜査員の体調の異変の有無など、話題に上らず、気体はすでに消えていたものか、見分実施のため雨戸や窓の開放により屋外へ雲散霧消したものか分からないが、何よりも当時の捜査意識から、考えも及ばない捜査員達が、気体採取の用意をして行ったかなどと想像もできず、今更、気体の正体とそれにまつわる人間の割り出しなど、到底、残る一週間で解明できるわけがないので、「時効完成」で送致するのを承認した。

耳に入ったのが幕切れ寸前で、どうにもならない事件だったが、なぜか戦国時代の武将の「長蛇を逸した」という無念の詩の一節が頭に浮かんだ。

ムカデの夫婦

「ムカデは、夫婦連れでやってくるんだそうですね」と彼は言った。

彼とは、その頃この半農半漁の町の公民館で行われる、小型船舶乗組員の昇格試験を受ける準備のため、近くの母港にいる船から下りて、この付近の数軒の農家の納屋を借りて勉強をしている青年達の中の一人である。

浪人中の夕方、何もすることがなく散歩していると、小川の流れに沿った小道で時々すれ違い、互いに挨拶を交わすようになってから親しく話すようになり、時折、五、六人が合宿している彼の納屋を訪れた。

その日も彼の納屋へ入って行くと、当然、本を広げている筈の彼の姿だけがない。どうしたのかと見回すと奥の方に敷いた薄っぺらの布団の上に、顔におしぼりを当てて寝ていた。近寄ってどうしたのかと聞くと、眠っていたのではないらしく、目一杯に見開いたつもりらしいが糸のような細い目をこちらに向けて、
「ムカデにやられたんです」と弱々しく言った。顔の半分は熟したトマトのように赤く腫れ上がり、鼻柱を境にした半面に比べて倍以上高かった。

痛々しく、見舞いの言葉も掛けられず見つめていたところ、やっと口を開くようにして、このいきさつを話し出した。

昨日の午後、勉強に飽きた連中が数人やってきて、円陣を組んでお茶を飲みながら馬鹿話をしていたところ、突然、ドサリと音がしたので見ると、太った大きいムカデだった。話も途切れたところに真ん中に落ちてきたのでちょうどいいや、というわけで、暇なものだからみんなで新聞紙を丸めたものやスリッパやハタキの柄で叩いたりし、逃げようとす

るのをひっくり返して踏ん付けて苛め殺して横の小川に流して、水葬にし、夕方、ほかの納屋の連中も帰って行き、ムカデのことなどスッカリ忘れて夕食後、皆寝静まった頃、彼の顔にムカデが降りてきて刺した、ということだった。彼は自分を刺したムカデについては、「落ちてきた」とは言わず「降りてきた」と異なる表現をした。

「昼のムカデは、どうして落ちてきたのかね」と言うと、「うっかり足を滑らせて落ちてきたんだろうと思います。だから、一生懸命逃げようと、あっちへ行き、こっちへ来たりして這いずり廻っていたのを、円陣を作っていた私達が通せんぼうして、なぶり殺しちゃったんですよ」と多分に自分たちの行き過ぎを認めた。なるほど、ムカデに落ち度はないが、彼に慰めの一言も掛けてやらなくてはと思い、

「ムカデもだらしない奴だなあ。たくさん足を持っているくせに滑り落ちてくるなんて。きっと退屈で君たちの話の仲間に入りたくて夢中で話に聞き入っているうちに、うっかり足の力でも抜いちゃったのかもしれないな」という、不真面目なこちらの話には答えず、何か考えるように、彼は梁の一点を見つめていたが、やがて部厚くなった唇の間から、一言、一言おぼつかない喋り方で、

「ずっと前のことですが、ムカデは夫婦連れでやってくるって話を聞いたことがあるんで

すよ。だから昨夜私を刺した奴は、亭主の方か女房の方か分かりませんが、昼間、私達に理不尽に無残に連れ合いが殺されるところを目撃した残りの方が、私達の寝静まるのを待って敵討ちに降りてきたんじゃないか、と思えてならないんです」と、上を向いたきり歪んだ口で神妙に語った。

怪我人の所に長居をしたら、後で疲れるだろうと思い、近くの医者に診てもらって早く治し、試験に合格するようにな、と言って別れてきたが、その後彼とは一度も会ったことはない。乗船している船の名も、本人の出身地も氏名も聞いていなかったので、その後の消息は分からず、ムカデの話も年月とともに忘れていた。

患者に使う麻薬をアンプルから注射器に吸い取る際、アンプルの底の方に少量を残しておいて、切り口を絆創膏で蓋をして、診療時間終了後に、その日残した麻薬を集めて自分の身体に使用していた開業医が送検されてきた。

その麻薬取締法違反の第一回公判のあった日の翌朝、正面玄関に女性が面会を求めてきている、と連絡があったので、立会事務官に部屋へ案内させた。

ちょうど、書類に目を落としていたので一瞬見ただけで、再び書類に目を向けたが、どうも何処かで見たことがある女性のように思えた。

書類を閉じ正面から見た女性は、血走った目の、バラバラな頭髪に化粧気もなく、口紅もしていなかったが、よく見ると昨日の公判を傍聴していたあの医師の奥さんだった。一晩のうちに随分変わったな、この人はと思ったとき、仁王立ちのまま奥さんはいきなり、「アナタは、なぜウチの主人を裁判にかけたのか。アナタのおかげで、ウチは看板を下ろさなければならないじゃないか。一家が食べていけなくなったら、どうしてくれる。ウチの仕事は麻薬を使わなければやっていけないことを知りながら、どうして裁判にかけたりして商売の邪魔をするのか。家族みんな死ねということか。そんなことをすると、いいことはないと覚えておけ」と、大声で怒鳴り、凄い勢いで泣いて悪態をついた。

おそらくこの奥さんは、昨日の公判を傍聴にきて、多くの傍聴人の陰から被告人席にいる夫の後ろ姿を見て激しい哀しみにうたれ、それに反して斜め前方に、どっかり大きな椅子に腰を下ろしている検事の格好を見て激高し「よーし！この検事をやってやれ」、「この検事の酷薄無情さを役所の連中にも知らせてやろう」。世の中に検事なんてものほど嫌な生き物はない、と思い込み、多分、昨夜は一睡もせずに敵討ちを企て、夜が明けるとともに飛び起き夢中で朝の用事を済ませて、子供を学校に送り出し、形振《なり》構わずに押しかけてきたのだろう。

だが、こういう相手にはなまじ言葉を掛けない方が無難なので、事務官を通じて、この夫についた弁護士のところへ相談に行くように説得させた。

三、四十分の騒ぎが納まり深閑とした室内の机の前に座った時、今のような場面を、いつかどこかで見たか聞いたかしたような気がしたが、なかなか思い浮かばなかった。だが、部屋に出入りする若い事務官達の報告など聞いているうちに、若者、田舎道を思い出し、ついにムカデにやられた彼を思い出した。

「ムカデは、夫婦連れでやってくるんだそうですね」の言葉が頭の中で復活した。そうだ、あの奥さんはムカデの女房なんだ。夫が法廷に立たされているのを苛められている、と見て取り、こんな苛めをする検事なんてものは許せない。よーし夜が明けたら検察庁に乗り込んで行って、大声で怒鳴り罵倒し、赤恥をかかせてやれ、と決心してやってきたのだ。そう思うとあの奥さんは、健気《けなげ》だ。夫婦というものは、ああでなければいけない。あの真剣な眼差し、そして今にも掴みかからんばかりの構え、あれこそ敵討ちの姿だ。あの奥さんは夫婦の鑑だ。あれこそ「ムカデの夫婦だ」と感じた。

検事は深く感動しながら、いつしか天井を見上げ左右の頬を撫でていた。

検察庁の自由時間

昼休みの時間になると、「ちょっと出てきますが、特に用はありませんか」と言って、時折外出していく課長がいた。数か月前、奥さんを亡くした人なので、そろそろ適当な人でも見つけたのか、と思ったりしてみたが、特に本人に確かめたことはなかった。

それが必ず始業直前に戻ってきて、普段通りに仕事をしていて、何やら考えているという風情もない。

ある日の昼休み、外出して戻ってきてから三、四時間して決裁を受けにきた。書類について補足説明をしたとき、吐く息がちょっとアルコールの匂いがしたので、書類から目を離して黙って相手の目をみた。目が合った途端、急に落ち着きを失ったようで、こちらからは何も言わないのに自分から遠慮がちに口を切った。「近くのデパートまで行ってきたんです」と言うので、いいじゃないか自分の用ならどこへ行ってきてもかまわないのに、と思ったところ意外なことを話し出した。

「今朝の新聞広告で、そのデパートの地下の食品売場で銘酒の試飲会があることを知りましたので、若い職員二、三人を連れて行って飲んで来たんですが、いろんな酒がありました」と正直に話した。釣り込まれて「ツマミはあったのか」と聞くと、試飲会の会場にはなかったが、付近の店が試食用に小皿に載せてあるのを順々にその店先から黙って頂戴してきた、とのことだったので「そりゃよかったな」と言って話を終えたが、会場の付近の店は、後々のこともあるから文句も言えず、とんだとばっちりを食って気の毒だったな、と思ったがその課長も数年して定年退職した。

大がかりな集団事件が発生したため、公安係の検事とその立会事務官が一組ずつ全国から集められた。そして樹木のたくさん繁った広い公園の近くのホテルが宿泊所として用意されていたが、検事と立会事務官は別々の棟に泊まることとされた。

応援者の数が多いため、検事一人が被疑者十名を担当して取調べに当たる程度で、事件の規模の割には毎日が楽だった。

時間にゆとりがあるものだから、地方から出て来た事務官の中には都会見物に来たつもりになった者もいて、昼は緊張して捜査に従事していたが、比較的早い時間に仕事が終わるものだから、夜は繁華街をふらつき、あるいは赤提灯で機嫌よくなった者も出てきた。

ある朝、地方から来ていた一人の事務官が頭を包帯で包み、浮かない顔付きで指定の集会室にやってきた。

その事務官は達筆で、気の利く人柄も良い人物だったが、少し人の話に乗せられやすい性格の持ち主だった。

その頭はどうしたんだ、と聞くと「この辺の事情をかなり知っている同じ年頃の若い事務官から『夜になると、宿泊しているあのホテル近くの公園の樹木の下の暗がりに、若い男女が何組も集まってきて、話などしているようで面白いから行ってみろ』と言われ、昨夜遅くなってから覗き見に行ったら、あっちにもこっちにもいたので、ホテルに戻ることも、明日の仕事のことも忘れて夢中になって見て廻っていたところ、アベックの方に気を取られ過ぎ、地上に大きな瘤のように盛り上がった木の根に気づかずつまずき、その勢いで今度は、正面の大木に激しく頭を打ち付けて倒れ、何処からか来ていた同じ宿泊所にいる同年輩の事務官の手配で救急病院に搬送され、頭の中まで写真を撮られた」と話してくれた。

「今日は仕事にならないな」と言うと、頭がしみるのかしびれるのか顔をしかめて「ご迷惑をかけて申し訳ありません」と神妙に言ったので「ダメだな応援に来ていて恥ずかしいだろう。昔の人はよく言ったものだ『小人閑居して不善をなす』とな」と言うと「やはり私達は忙しくないとダメですね」と、お前達が暇にするから悪いんだというようなことを言った。

占い師のようによく物を言い当てるという係長がいた。職員の祖父や祖母が亡くなったと聞くと、その年齢を聞き、トイレか風呂場で倒れたんだな、と言い当てるという。しかし、この二か所は老人にとって鬼門であることは係長でなくとも知っていることだ。

この係長が稀に姿を見せないことがある。役所にはいる筈だが見当たらないという。それは、夕方帰庁の頃空模様の話が出た時と、若手職員の見合い話が出た時のようだ。

由来は、昔、立会事務官をしていた頃検事から「大丈夫かなこの天気。傘を持たないで家まで持つかなあ」と言われ、自信満々に「大丈夫です。保証します」と答えたが、それが全く外れて大雨となり、頭からズブ濡れになった検事から翌朝散々嫌みを言われて以来、天地神明に誓って今後、気象予報はしないことにしたという。

見合い話の方は、女性職員の男関係が良くないとの風評を聞き込んできて、男性職員に対し「あの娘さんとは絶対結婚しない方がいい」と言ったのに、その二人が結婚してしまい、この係長の告げ口が、二人の間の話に出たためか、以来この二人とは気まずくなり、今もって顔を合わせてもお互いに挨拶しなくなった、という。

何でも予言はできますが、気象予報士と結婚相談所勤務は絶対向かないという、本人の意向であった。

検察庁の自由時間には只酒、物好き、頼りない占い師が出現して面白い。

検事の信号見落とし

南国の盛夏の日曜の朝、日直のため平日並みの時間に登庁した。

管内の全警察から送ってくる身柄事件の被疑者に対し、犯罪事実を告げて認否を問い、かつ弁解の有無を聞き、弁解録取書（弁録）を取って、即時釈放するか又は裁判所に対し、勾留請求をするかを振り分けるのが、その日の主な仕事であった。


廊下ですれ違った若い事務官が、朝の挨拶をしてから、

「おかしいのが、送られてきているようですよ」と言った。

「そうかい。こんな暑い日が続くからだろう」と言って、そのまま自分の部屋に向かったが、腹の中で、おかしい奴は今日に始まったことじゃないや、と思った。

つい先日のこと、仕事帰りの土木作業員の男が暑気払いのつもりで飲んだ焼酎が効き過ぎて帰宅の途中、尿意を催し、通りがかりの家の板塀に片手をついて身体を支え、手前の細い溝の流れに放尿し、スッキリした気分になって目を上げると、目の前に貼られてあった選挙用のポスターの人物が、自分を見て笑っているので「なんだ、この野郎」と激高し、それをビリビリに破り取ってしまったため、選挙の自由妨害で検挙されてきたくらいだから、この異常な暑さ続きのため、おかしな者が出てきても不思議はない、と思いながら部屋に入った。

室内には、これも今日が日直で弁録の立会を仰せつかった事務官がいて、検事を見て「今日来る身柄の中に、ずうっとモクッテいる（黙秘している）おかしな男がいるそうです。警察では捕まってきてから一言も喋らず、身元など全然分からないそうです」と言った。身元は指紋でもあればすぐ分かるさと思いつつ、

「何をしたんだい、その男は」と聞くと、

「一昨日の真っ昼間、あの人通りの多い三叉路の交番前で、六尺棒の先の四面にメッタヤタラと五寸釘を打ちつけて、先の尖った方を突きだして、生け花で使う剣山みたいにし

て、通行中の誰彼構わず振り回し殴ったから、怪我人が何人も出たということです」と警察からの事前の電話報告を話してくれた。

暑いから、熱気で家の中に居たたまれず外に飛び出して、暴れたんだろうくらいに聞き流して、順次、被疑者を呼び入れて通常どおりに弁録を取り始め、午前中の分を終えた。

昼食を済ませてから、午後の残りの連中の弁録を取ることにした。

一番先に連れてこられたのが四十前後の赤銅色の顔や腕をした小柄な男だった。しわだらけの赤いランニングシャツに、泥が跳ねとんで薄汚れたステテコを穿き、細い毛脛の足にゴム草履をはいていた。

これだな、おかしいというのは、と思って顔を見ると、懐かしそうにニコニコと、初対面なのに旧知の間柄みたいに親しみのある顔をした。つい引き込まれて頬をゆるめ彼の座る椅子を指して示し、机を間に向かい合い普通どおりに、本籍、氏名等を尋ねた。すると意外にも男はスラスラと話した。さすがに住所は不定なのだろうと言わなかったが、本籍地は当職も知る夕景の美しい実在の地で、虚偽ではなかった。生年月日も述べこれで身上関係も済んだと思ったのか、検事を見てニコニコした。何か人に縋《すが》る風に見えた。

送致犯罪事実については、読んで聞かせた分は全部認めたが、「なぜ、このようなことをしたのか」との問いに対しては、首を傾げて、かえってこちらに聞きたいような態度を示した。

以前から聞いていた。検事は相手が入口のドアを開けて歩み寄り、自分の机の前に来て着席するまでの間に、その人間が正常か異常かを見分けることが先決だ、と。

しかし、事前に聞いていた話と今のこの男の変化はなぜだろう、と男の処分を考える前に考えた。相手が柔和な態度でやってきたから、こちらも頬をゆるめたからか、席に着けというこちらの仕草が気に入ったのか、それとも何となく自分を一人の人間として扱ってくれたからか。いずれかは分からないが正常ではないと判断した。

被疑者が自白をするか否認するかなどは、第二、第三の問題で、話すその者が正常な精神の持ち主かどうかが最優先する。検事は精神科医ではないが、変かどうかぐらいはおおまかなところが分からないと困る。

とにかく日直としては、この男の身柄の確保だけはしておき、後のことは上司の判断に任せればよいと思ったが、差し当たり翌日決まるであろう担当検事宛てに「この者言動不審、要注意」と事務官に口授《くじゅ》してメモを取らせ渡すように指示し、勾留請求した。

正体不明で手間がかかると見たのだろう、事件は古参の検事に配てんされた。その検事は要注意のメモを見たろうが、細かい事には気を遣わず、まして、期もはるか後輩の日直の言うことぐらいと思って重視していなかったのだろう。立会った事務官がどこからか聞いてきたところでは、男は再び黙秘に戻ったり否認に変わったりしたそうだが、かまわず公判請求をしたとのことであった。

あんなことがあったっけ、と思われたある日、昼、検事会食がある、というので部屋を出たとき、古参のあの事件の担当検事と出会った。本来は誠実な人なのであろう、申し訳ないというような態度で「あの事件は無罪だった」と言った。「こちらは簡易鑑定にも掛けず、正式鑑定も申し立てないで公判請求をしたところ、弁護人から精神鑑定の請求がなされ、数か月間鑑定留置された後検査の結果、鑑定人の表現するところでは『まさに人格崩壊寸前の最高度の脳梅毒で、犯行時の物事の是非善悪の判断など全くできなかった状態にあった』とされ、判決は心神喪失による無罪であった」ということだった。

日直検事は黄色信号に考えさせられ、古参検事は赤信号見落としで一巻の終わりとなったが、検事にも精神医学の研修が必要であることを痛感した。

フライパンと売春

午後、法廷から戻ってくると机の上に身柄事件を表示する、赤い幅の広い付箋のついた記録が置いてあった。「傷害」とある。

椅子に腰掛けながらひょいっと表紙をめくって傷害の程度をみると、瀕死状態のものでもない。一服してからでもいいや、と二、三十分休み警察からの犯罪送致事実を見た。

時たま思い出すのだが、昔、上司の中に、新しい記録が自分に廻ってくると、恋人からの手紙を読むようなときめきを感じて一生懸命読んだものだ、と言った人があったが、だいたい刑事事件の記録の中に楽しいものや面白いものがある筈はない。弱い立場の者が泣かされたか、まともな人間が不当な攻撃を受けたかの被害者の歴史の記載だ。

被害者は、幼い子をかかえて、春をひさぐ三十近い女性で片方の足が不自由だった。若い頃、暴走族の男の運転するバイクの後ろにでも乗って、男の背中にしがみついていて落ちたか、転ぶかして大怪我をし、膝から下を切断したもののようだった。ロクに学校にも行かなかったから一人前の仕事にも就けず、日中は父の無い子と二人でゴロゴロしていて、夜は自分の住むアパートの部屋で、女性のみができる商売をしていた。足も悪いので、人目につく所に立って客を勧誘したり、客待ちをしたこともなくあまり多くの人に知られず、人伝えに知って訪れる男だけを客としてひそやかに生きていた。

ある夜、この事件の被疑者が現れた。一見《げん》の客であった。ところが翌朝立ち去るとき被疑者は、前夜初めて気づいたように「お前は足が一本しかないので、二本足の女の半額でいいな」と言って、昨夜約束した売春の対価を半分に値切り、部屋から出て行こうとした。それで女は、

「それは困る。約束が違う。私には子供もいる。そんなことされたら食べていけない。お願いだから、約束どおりのお金を置いていってください」と泣いて訴えたが、男は聞こえないふりをしてそのまま出て行こうとしたので、女は被疑者の上着の裾をつかんで立ち上がり揉み合いながらキッチンに差しかかったところ、ちょうど、棚の折れ釘にフライパンが掛かっているのを見た男は、いきなりその柄を掴んで身体の向きを変え、女の側頭部にフライパンを叩きつけ、女が失神したところを見て逃げだそうとしたが、騒ぎを聞いた隣室の女性が１１０番通報したため、駆けつけた警察官に逮捕された、というものであった。

被疑者は警察において、犯罪事実をすべて認めていた。それは、記録を読んだ時に抱いた心証と同様、狡猾、卑劣、陰惨なもので、このまま公判請求してもよかったが、何か検事の気持ちの中に、これを普通一般の傷害とみてよいのか、そのまま公判に付せばそれでいいという類のものなのか、という迷いの気持ちが起こった。あまりに弱者苛めだ。

明日にしようと気分を変えて、他の仕事をしてその日は帰った。

一晩考えて浮かんだ犯罪の様相は、この事件は偶発的なものではなく、計画的なものであった、と思われた。

　そこで翌日、被疑者を再び調べたところ、以下のような事実が判明した。

　一見の客でありながら遊興し、その売春料を値切った度胸のよさは、綿密に女の周辺を調査しなければ分からないことで、女の住むアパートには成人男子の気配はなく、八部屋全部が売春婦の住み家になっていて、被害者と面識はないが片方の足が不自由であることは時折見て知っていた。だからああいう女を相手に遊んでいちゃもんをつけても、どうせ売春婦なんだということで、本人も表沙汰にすることはなかろうし、それに官憲だって風俗を害する女のことなんか、取り上げることはないと思ってやったものだ、ということだった。


　心寒さを感じる調べを終えて部屋に戻った検事は、以前学者が情性欠如者というものの存在を説いていたことを思い出した。情性とは、同情、あわれみ、良心などといった、人間に固有の、人を人たらしめる感情的能力だが、これを欠く者やそれの乏しい者をいい、かつてドイツの学者もこれを「社会の敵(注)」と呼んだとのことである。

　この被疑者は、そういう種類の人間だったのだ。

そこで、こういう人間には何より厳刑が必要と考えた。当時の傷害罪の最高刑は懲役十年であった（現在は十五年）。

この事件の量刑は、どのくらいが相当か。求刑を決めるため犯情の悪い傷害の刑の先例を探した。しかし、その結果は思わしくなく期待に反するものだった。

ケンカで片目を失明させられた被害者は、悪くすると他方の健全の目の視力も衰えるおそれがある、と言われているのに刑は薄情であった。

また股間を蹴られて睾丸を一個取り出すほどの手術を受けた被害者に関する犯人の刑は意外と軽かった。

それらは、一つあればそれで十分だというのだろうか。

そのような先例にとらわれず、本件については思いっきり高い求刑を決裁にあげたが、こちらの思いどおりにはいかなかった。

（注）犯罪心理学入門　福島章（中公新書）

病的性格　懸田克躬（中公新書）

半人前の男たち

発生した大型集団事件捜査の応援ということで、全国の検察庁から任官二、三年目の若手検事が召集された。応援といってもこの種の事件には未経験の者ばかりだから、中堅の検事が班長を務める幾つかの班に振り分けられ、捜査手法を見習うのが実態であった。

この若手の中に「彼」がいた。

その彼は頭の回転が早く熱血漢であったが、何にでも口出しをする癖があった。自分に何の関係もないことでも、同僚達が議論したり口論していると近寄って行き、そこに横から口出しして、自分の思うように他を引き付けそれに賛同させて悦に入るという風であった。

ところで捜査というものは、いつも当初の予定どおりに進展するものではなく、場合によっては途中で立ち止まって考え直さなければならないことも出てくる。もしそのように迷いが生じた時は、急遽結論を出し、素早く全員に伝達しなければならないから、「緊急会議」を開く。

その会議は、その事件を担当する部の部長が主宰し、班長が集まってきて現況を報告し、捜査の方針の是非等を検討するのだが、応援の若手検事は未経験者であるから、傍聴用に設けられた椅子に座って、静かに聞いている者もいれば、手帖にメモを取る者もいて白熱する会議の行方を見守っているのが普通であった。

だが、そこに一人の例外がいた。重要なこの会議に始終横から口を挟むのだ。「彼」であった。本人の主張する理屈っぽい意見は、実務では必ずしも通用しない。にもかかわらず現に発言中の班長の意見に異議を述べ、反論されると立ち上がって、そこに近づきその班長の机を叩いて議論を始めるという有様で、部長も、初めの頃は他庁からの応援検事だと思いあまり厳しく制止しなかったが、「彼」はそんな配慮には気がつかないのか、横槍の入れ方は段々とひどくなっていった。

毎回のように会議を荒らされては困ると、最も心を痛めたのは部長である。本来短気の人だが、この日も穏便に収めようとして、彼の横槍に対し最大限譲歩して、「君の考えの基本はよく分かった。だが、今は、目前の不法集団を相手に闘っていて全く忙しい時だ。君の意見は意見として、後日ゆっくり聞くから、会議の場では少し静かにしていてくれないか」と宥めるように言った。すると彼は部長に矛先を向け、「今現在、集団と対峙していて急いで策を練る会議を開いているのに、私の意見は後日ゆっくり聞く、というのはどういうことですか。それじゃ間に合わないじゃないですか。人を召集しておいて、ここでは、若い者には一切口を利かせないのですか」と食いついたため、さすがに部長も本気で腹を立てた。

「いい加減にしないか、半人前のくせに。一人前の顔をして、何にでも口出しするもんじゃないよ。とにかく今は忙しいんだ」で、言葉が切れた途端「彼」は立った。そして「何が半人前ですか。半人前の意見でも正しければ、それを取り上げて検討するのが会議というものじゃないんですか」とここまで言って「彼」はひと息ついた。会議室の全員が黙って彼の顔を見ていると、いとも厳《おごそ》かに彼は、

「部長、一つ伺いたいことがあるのですが、部長は今『半人前が一人前の顔をして』と仰いましたね。残念ながら私、今までその半人前という顔を見たことがないものですから、この機会に是非見せていただきたいのです。部長、半人前の顔というものにも目鼻や口は付いているのでしょうね」と食いついた。これに対し部長は「トイレの鏡で自分の顔を見て来い。それが半人前の顔だ」と言って切り抜けたが、この日の会議はおじゃんになった。

やがて応援解除で彼も原庁に戻った。そして数か月した頃、あの部長から彼宛ての手紙が届いた。彼の発言の端々から優れたもののあることを感じ取っていたらしい。そのため人事異動の近づいた時期の手紙だった。「彼」によるとその手紙には『よければ吾輩のもとに来たらんか』と書いてあったという。

彼は怒り出した。

「なんだい偉そうに。使ってやるから来たければ来てみないか、というような文じゃないか。俺は行かないよ。半人前の所にまで勧誘の手紙を寄越すようでは、余程あの人の所には人が行かないんだな」と言って、すぐペンを執り「間に合っています」とだけ一行書いて投函した。

広い大きな大陸の夕陽が傾きかけた頃、右と左からやってきた二人の日本人男性があった。遠目にもいつかどこかで見たような顔だと感じたのだろう、互いに手を上げ、一層近づくと五十くらいの年長の方が急に大股になり、四十二、三の方に近寄って何事か話しかけると、若い方が指を突き出し何か大声をあげた。

付近には商店も住宅もなく、人通りのない細い道だった。

二人は検事なのだが、同じ所に勤務したこともなく互いにハッキリした記憶にない存在だったが、今回、偶然本省から同じ時期にそれぞれが同じ大陸の正反対側から上陸して横断し、途中諸国の法制度を研究して、帰国後それを報告書にまとめて提出するよう命ぜられて、各々同時期くらいに日本から出て行ったもので、若い方は海外留学の経験もあるし、現に外事係検事をしていて、語学堪能であるのに比べて、年長の方は海外の独り歩きは初めてで語学もロクにできないから心細い毎日であった。そこへ多少でも顔見知りが現れたから涙の出るほど嬉しくなり、胸一杯に親近感を込め大股で近寄って、覚え立ての外国語でぎこちなく挨拶をした。あえて外国語を使ったのは俺もお前と同じようにこの国の言葉を覚えたんだよ、という嬉しさからだった。ところが相手は笑顔一つ見せず、暫く黙ったままこっちの顔を見ていたが、突然右手の人差し指を立てて年長者の唇の所まで持ってきて、ただ、一言「発音が違う」と怒鳴った、ということだった。

昼の会食で、下手な外国語を指摘されて参ったよ、と披露して皆を笑わせた年長の方の検事は、以前、集団事件の折、緊急会議を主宰したときの部長で、相手は当時「半人前」と言われた男だが、年長の方は短気でもサッパリした性格で、殊に嫌なことなどをすぐ忘れるタイプらしく、会食でこの話を公開した時も勿論、外国語の挨拶相手が「半人前」の「彼」だなどとは全く気づいていなかった。ただ「あいつは生意気な奴だったね。あんな、祖国を遠く離れた他国での邂逅《かいこう》に、何の感慨も無かったんだな。不思議な男だよ」と言って口を大きく開けて笑った。

他方、この会食での話を、かつて「彼」とあの緊急会議の場に同席し、その一部始終を見聞きしていた同期の検事から聞いた「彼」は笑いながら「そうか。大陸で出会ったのはあの時の部長だったのか。それなら今は、かなり出世しているようだが、しかし、どう見

ても あの人の外国語の力は半人前だよ。語学は才能だからな」と言ったという。

びん詰めの反抗心

たまには庁内を回って職員の顔でも見てくるか、と思い立ち昼食後の休憩時間を各部局の視察に当てた。

ある課に入って行くと課長と係長が、微笑みながら何事か話し込んでいるので、そのままそっと傍《かたわ》らを通り抜けようとすると、目ざとく見つけた課長が椅子から立ち上がり急いで近寄ってきて、「ちょっとお耳に入れたいことがある」というので、良い話のようだなと思い近くにあった椅子を引き寄せて聞くことにした。係長も嬉しそうに笑いながら寄ってきた。

少し興奮気味の課長が、

「この係長の努力により当庁管内で、最も高額で、最も長期の未済になっている不納付罰金を、その被告人だった男が今日これから持って納めにくるんです。今まで監査の度に肩身の狭い思いで言い訳してきましたが、これからは胸を張って監査官の前に出られます」と意気込んで言った。

「いいねえ、それは良かった。長い間の努力と苦心の甲斐があったね」と、ねぎらいの言葉を残して、他の部署を順次訪れ、言葉をかけたり執務上の質問に応じたりして自室に戻り退庁した。


翌朝、課長と係長が腫れぼったい寝不足のような顔をしてやってきた。昨日のように、はちきれるような元気さはない。ダメだったのかな、とも思ったが、

「なんだか眠たそうだね。どうした昨日の話は」と聞くと、「それがですね」と言って課長は一息入れてから、

「来ました、その男。来ることは来て罰金を全部納めていったのですが、それまでが大変でした」と言い、詳細はお前が話せというふうに係長の顔を見た。話が長くなりそうなのでソファーに腰かけてもらい耳を傾けた。

係長の話は、大体次のようなものだった。

その男、これからは、罰金男というが、夕方になって「罰金を持ってきた」というので「ご苦労さん」と言って「今領収書を用意するからちょっと待ってくれ」と言って近くの席にいた若い事務官に書く用意をさせたところ、すぐに金を取り出す気配がない。どうしたのかと思っていたところ、カウンターの内側からは見えにくい向こう側の足元から、何か持ち出すようなカチャカチャした音をさせているんです。そのうち一番大型のインスタントコーヒーのびんを次々にカウンターの上に並べたのです。それで「このびんは何か」と言ったら「いや、この中に罰金の全額が入っていますから」と言うので「随分びんが並んだね」と言うと「まあ、一円玉だけですからよく調べてみてください」と言った。これを受け取るのは大変だな、と係長は一応抵抗を感じたが、とにかく「そうか」と言っておいて課長に相談に行った。

課長は「一円玉だけでも納めに来た以上拒むわけにはいくまい。商取引じゃあないんだし、また、紙幣に替えてこいなどと言えば、そっちで替えろと言うかもしれないし、第一もうこの時間では銀行もやっていない。それにこれでは受け取れない等と言えば、待っていたとばかり持ち帰り、検察庁は小銭は受け取らないなどと言い触らすだろう。弱ったな」と小声で言って周りを見回したところ、近くで執務をしていた今年入ったばかりの若い事務官が小耳にはさんでいたらしく、「その罰金、一円の過不足もないか、その男に数えさせてから受け入れたらどうですか」と言った。

いい考えだが、なにしろ大量の小銭なのでそれはどうしたらいいかというと若い事務官は、

「一円玉を三十枚くらい重ねた柱を一本ずつ作らせてカウンターの端からずーっと並べさせ、全部立て終わったら物差しで高さを計り、全て頭が揃ったら柱の本数を数え、間違いなければ領収書を出してやればいいじゃないですか」と言った。それはいい考えだ、ということで、その方法でやるように罰金男に命じ、私たちは傍らで通常の事務を執っていたのですが、罰金男の方は、上着の袖がちょっと柱に触れると折角立てた柱が倒れて、それが隣の柱に当たると次々に将棋倒しになってしまい、それをまた数えて柱を立て直す、という作業のやり直しで、終わったのは夜中に近く、課長も自分も帰りのバスや電車がまだあるかどうか不確かなので、二人とも当直部屋に泊まらせてもらったのですが、もう飯を配達してくれるような店もなく、腹は減る、頭は妙にさえる、などでほとんど眠れなかっ

たんです、と恨めしそうに話して三、四回続けて出かかった欠伸をかみ殺していた。

長い間、しつこく、うるさく督促してくる役所に対して反感を抱き、嫌がらせのため、わざと一円玉だけを揃えて持ってきたことは明らかだった。だが、考えてみるとこの罰金男を「墓穴を掘った男」というのはちょっと気の毒な気もした。今回の件は彼が原因を作ったこととはいえ、夜も遅くなったのに、小さくて薄く大人の指では掴みにくい一円玉を、一枚一枚摘んで数えながら柱が倒れないよう積み重ねていくことは、目も指先も神経もさぞ疲れたろうに、最後まで積み重ね終えたことは辛抱強く大したもので、たとえ反抗的な企てであったとしても「疲れただろうね」と、ねぎらいの言葉をかけてやりたい気がした。

一方、それが仕事とはいえ課長と係長には大分苦労を掛けたので、「今日は早めに帰ってゆっくり風呂にでも入り、一杯やって寝ろよ」と言ってやると、二人はだるいような顔を無理に笑顔に変え、出て行った。

その後から「オイ、その頓知《とんち》のある若い事務官に、ここに来て顔を見せるように言ってくれ」と声をかけた。

この件を見て、著しく高い罰金額の納付は、こちらから積極的に商売の様子や、家庭の状況をよく聞いてやり、無理なく納められる方法を相手と共に考えるべきではないかと思った。高額の金を「払え、払え」と督促されながら、日々を送る者の辛さも考えてやるべきだろう。

癖もいろいろ

眠りについてから、かなりの時間が経ったような頃、電話が鳴った。なんだ今頃、と思って枕元の時計を見ると午前0時を回っていた。

出ると当直主任からで「今繁華街の交番から電話があって、十時頃玄関荒らしと思って連れてきた男が、二、三人の警察官がかかりきりで話を聞こうとしても、ただニヤニヤ笑っているだけで何もしゃべらない。氏名、住所も分からないから本署へ連れて行こうとしたら、その気配から察したらしく話すようになったが、最近ここへ異動してきた検事だと言い出して名前まで名乗っているので、首実験してもらいたいと言ってきた」と言う。「そう名乗っている者の家に電話してみたか」と問い返すと「あまりに時間が遅いので気の毒だから掛けていない」と言う。それじゃあこっちは、気の毒じゃないと言うのか、と思ったが、ここで言い合っていても仕方がないので「貴方と当直員で交番に行ってくるように」と指示し返事を待った。

昨夜は職員全員による忘年会をその繁華街の中の店でした。確かに交番で名乗ったという検事も出席していた。どういうことなんだと一睡もしないで待っていたら二時間くらいして当直主任から「間違いなく御本人でした」と言ってきた。こんな時、そんな奴に「御」をつけることなんかない、と思ったが「時間がかかったな」と言うと「警察の車を借りて、ご自宅までお送りしました」とまたばか丁寧な言い方をした。変な時間に起こされると今度は寝付きが良くない。

翌朝寝不足で登庁したところを待っていたとばかり警察がやってきて、検事を間違えて交番に連行したことのいきさつを説明したので、こちらに落ち度があるのだからと深くお詫びしてお帰り願った。

警察の話では、最近その辺の料亭街によく玄関荒らしが現れ、昨夜もそのうちの一軒から、人相書きに似た男が玄関先でうろうろしていたので此奴《こやつ》だと思い、店の若い衆が捕らえようと追いかけると、庭の高い木にするすると猿のように素早く登ってしまって降りてこない。それで仕方なく交番に連絡し引き降ろしてもらって、そのまま警察官に引き渡したのだそうだ。

午後、肝心の検事を呼んで事情を聴いたところ警察の話と一致した。ただ本物の玄関荒らしの顔は知らないが、そう疑われても仕方がないような挙動であったのだろう。

なぜ、あんなことをしたのか尋ねると、

「酒に酔うとやたらと高い所へ行きたくなるので、木や電信柱を見るとすぐ飛びついてしまう」と言うので「血筋を引く者の中に植木職か火の見櫓に登る人がいるのか」聞いたが、「そういう者はいない」と言うので顔を見つめていると突然「私は申年《さる》なもので」と責任を十二支に押しつけたが、いずれにしても直ちに警察署と交番に行って謝ってくるように命じ、「今日は立会事務官を連れたりせず、また官用車も使わずに行け」と命じた。

皆、活発に動いている午前中、ときどき眠たそうな、元気のない顔をして決裁書類を上げに来る中年の事務官がいた。気になって「体の具合が悪いのか。身内の誰かが病気か」と聞いても否定する。こういうことが度重なったので、直接の上司である課長に聞かせてみた。数日して結果を報告に来た課長は、

「説得しても中々言わなかったのだが、ようやく喋り出した」という。理由は立会事務官として付いている自分のところの検事が、昼間は来室した者をつかまえて碁や将棋を指していて、夕暮れになると被疑者を呼び出したり、警察に出かけて行って調べを始めるから、終わりが遅くなり、朝は時間通りに登庁しなければならないので、毎日眠いのだと言っている。普通の時間に帰宅できて早く就寝できる人が羨ましいと言っている、というのが結果報告だった。

「なぜ、そんな変則的な調べをしているのか聞いてみたか」と言うと、言いにくそうに、

「事務官の言うところによると、あの検事さん若い頃は、昼間は、八百屋か肉屋の店員をし、夜は大学に通って勉強していたから、それが身に付いて今は、昼は体を休め、夜はい

くら仕事があっても大丈夫、眠くない。夜学に行ったおかげで夜が強いのだそうです」と言った。

その週末、立会事務官を別の職場に異動させ、検事には昼間だけで処理できる事件を割り当てることにした。

人に迷惑をかける癖だった。

新任の頃、親切に面倒を見てくれた先輩の検事が、夕方、突然やって来た。出張で来たのだが予定より早く仕事が済んだので、会いに寄ったと言うので招き入れた。検事の後ろから最近転勤してきたばかりの課長が顔をのぞかせ、案内がてらやって来たというので、これも上がってもらった。

二人を座敷に通し挨拶が済むと、その検事が今度法学博士の学位を取ったと言うので、それはめでたい。それではそれも兼ねて一献差し上げましょうということになった。案内して来た課長はその昔、この検事が任官して間もない頃、その立会いを務めたとのことだった。

料理がひと通り出揃い、家人が顔を出し、銚子を手にして一応今夜の主賓である学位を取った検事に対し、そういう単純な気持ちから「どうぞ」と言って酒を注いでやった。するとそれまで検事の横で、いるかいないか分からないように静かにしていた課長が突然、「俺にも、どうぞと言ってくれ」と叫び、空になった盃を突き出したので、びっくりした家人が一瞬身を逸らすようにしたが、すぐ、「ああ、そうでしたね、すみません。さあお注ぎしましょう、貴方もどうぞ」と言うと嬉しそうな顔をして静かに盃を口に運んだ。

しばらくその検事と話していた家人がはっと気づいて、「こちらの物も、どうぞ召し上がってください」と言うと、その言葉が終わらないうちに課長が「俺にも、どうぞ召し上がってくれと言ってくれ」と喚《わめ》いた。「あ、そうそう。すみませんでした。どうぞ、どうぞ、貴方もこちらをどうぞ」と勧めると、ニッコリ笑って箸でつまもうとするのだが、すでにかなり酔っていて手間取り、やっと小皿に取っても食べる気はなさそうだったが、それでもこの二時間ばかりの間、何かにつけて「俺にも」を繰り返した。酒はあまり強くはなさそうな人だった。

二人が乗ったタクシーを玄関前で見送った後、家人が「あの人は何にでも『俺にも』と言うけれど癖なのだろうか」と笑いながら言うので「最近転勤してきたばかりの人なので、よく分からないが、昔、仕えた検事と一緒だったから気が緩み、酔った勢いで誰彼なしに甘えてみたかったんじゃないかな」という程度で話は終わり、以後我家では彼のことが話題になったことはなかった。

ただ役所内では彼は「俺にも」と言っているという話を耳にした事は何回かあったが、直接関係を持つ立場になかったので、気にもせず何時しか忘れていた。

全庁職員の忘年会が、大きな中華料理店の大広間で行われた。

宴半ばに舞台の両袖に立った二人の若い幹事役の事務官が、これから皆様の得意な歌などの数々をご披露していただきたいので、僭越ながらその指名はこちらにお任せ願いたい。ただ課長以上の方々には特に指名はしないので、ご希望の方は恐縮ながら挙手してほしい、と告げ全員の拍手を受けた。

幹事は事前によく準備していたらしく、古参と中堅と新入りを適宜順序良く並べ、女性職員を途中所々に組み入れる等の工夫もあって、その予定順に職名、氏名を呼び上げていった。

これが三分の一くらい進行し、次の者が指名され、その者が立って舞台の方へ向かいかけたとき、突如「俺にも歌わせてくれ」という大きな声がした。しばらくぶりに聞いたあの課長の声だった。しかし、この課長の「俺にも」は、前任庁から引き継いで承知していたらしい二人の幹事は、この叫びに似た大声を無視して次々に他の職員を指名していった。

そのうち、「俺にもやらせてくれ」と騒ぎ立てる声で、登壇して一生懸命にやっている職員の十八番もとぎれとぎれになってしまい、まともに聞こえなくなると、今度は聴衆側の職員から「やかましくて聞こえない」と苦情の声が飛び出し、幹事も弱り果てて次の者を指名した際「俺にも歌わせてくれ」と絶叫している課長を指名し、同時に会場中央付近に陣取っていた五、六人の若い事務官の方に目配りをした。これはこういう事態の発生に備えて幹事たちが配置しておいた挺身隊《ていしんたい》だったのかもしれない。

すくっと立ち上がった彼らは課長に近づき「さあ課長、行きましょう舞台へ。歌ってください。お願いします」と声を掛けたが、動こうとしない。意地になったのか若い彼らは課長の両手を掴んだり、背中を持ち上げるなどして立ち上がらせ、無理やり引きずるようにして舞台の上に乗せ、幹事が「立って、何か一つを」と、勧めたが首を振って拒み、その挙げ句「俺は歌は嫌いだ、歌いたくない。なんでもいいから俺を、ここから降ろしてくれ」と泣くように拗《す》ねたが、幹事はそのままにして次の順番の名を呼び上げた。


そのときから二十年あまり経った頃、その地方の視察を命じられて出向いたところ、それを知って会いに来た元職員の紳士と会った。

話が彼の課長に及んだときにその人は言った「あの頃、あの課長は奥さんに病死された直後で、それから数年して再婚したんですが、七、八年前その課長も亡くなってしまいました」と。

「そうか」と言いながらそっと指折り数えてみると「俺にも」を連発したのはその頃だった。妻を失って淋しかったのだろう。だから人の集まりに仲間入りしたくて口から出た言葉だったのだろう。確かに「俺にもどうぞと言ってくれ」は何回も聞いたが、彼は自分の心の内に籠った孤独に耐えられず、何でもいいから団欒《だんらん》に溶け込みたいというものがあったとは気づかなかった。その後、後妻さんを迎えたそうだがそのことによって「俺にも」は収まったろうか、と彼のいた往時を思った。

余談だが、この二人の癖は余興ともいえるが、本当に迷惑に感ずる癖は貧乏ゆすりである。これは物事に集中すればするほどそれが脳に伝わるのか、足が小刻みに動き出して段々速力を増す。制止するのが親切だろうが、せっかくの思考が停止してしまっても気の毒だ。

だから黙認しているのだが、そうするとこちらが何か急かされているような気がして落ち着かない。聞いたことはないが本人は後で足に疲れはこないだろうか。この癖は、できるだけ直した方が良い。

だが癖は、本人の意思とは関係なく、出し抜けに起こるものだから、その人を責めるのは可哀想だ。

ジングルベルの思い出

街にはジングルベルの曲が流れていた。今年も暮れるなあ、と窓の外を眺めていたところへ、外国人の憲兵に連れられた兵士が入ってきた。

椅子に座らせられた外国人兵士は、通訳を介して供述拒否権を告げられると軽く頷き、検事の顔を見た。

いたずらっぽい目をした、ピンク色の頬の少年に近い感じの青年だった。

この街のデパートの宝石売場から、女物の指輪一個を万引きしたという容疑だが、送致前から「盗んだ物ではない」と否認しているとのことだった。

連行してきた憲兵はその年格好から家族持ちなのだろう、今夜これからのイブの楽しみを当てにしていたところへ、押送の役目を仰せつけられたという不平満々の気持ちが、引きつった顔や、兵士を手荒く扱う態度から見て取れた。

一方、兵士はそんなことには無頓着で、検事の顔を眺めたり、胸のバッジを珍しげに見たり、部屋のあちこちを見回している様子は、憲兵と面白い組み合わせだった。
ただ、その態度を見て検事は、この兵士は身柄を拘束されていて今年のクリスマスとは関係ないから、検事の取調べを受けることを機会に、その分ここで思いっきり拗ねて時間を潰そうくらいに考えているのかもしれないな、という予感がした。

ところで、刑法犯の中で最も気安く身近に起きる、万引きをはじめとする窃盗罪は、世間が想像するのとは違って「窃《ひそ》かに盗む」という字のとおり、人に知られないようにして盗むことだから、盗む瞬間を目撃した人があるとか、その場で捕らえた現行犯以外は「知らない」、「盗んだりはしていない」と否認されると結構手のかかるものである。

それはさておき、日本の検察事務官兼通訳を介して兵士の取調べを始めた。この通訳は大学卒業後長年外地の商社に勤めていた者で、この当時五十歳に近く、温厚な人物だった。問いを発した検事は、
「盗んだことはない、と言っているようだが、それでは、盗まれたと言われている指輪を

どうして持っていたんだね」と、ゆっくり尋ねると兵士は激しく手を振って、

「それが分からないから困っているんだ」と答えた。

「何が分からなくて、何を困っているのかね」と言うと、

「俺は何も知らないんだよ。いきなり肩を叩かれてね『ちょっと来てくれ』と言われ、驚いてぐっと拳を振ったところ、驚いたことに掌の中に何か固い物があってね、見るとそれが指輪だったんだよ。ビックリするよ、検事だってビックリするだろう」と、ちょっと面白そうな顔をした。それで調子を合わせて、

「それはビックリするよな」と答えてやると「そうだろう、全く迷惑な指輪だよな」と、同感する相手を得たときのように愉快そうに語った。しかし、こちらはこれだけでは用は済んでいない。そこで、

「ビックリして迷惑だったことは分かったが、困っているのは何故だい」

「いや、それは指輪が黙って、俺の掌の中に入り込んだいきさつが、全く分からないからさ」と言う。内心のことは朝までかかっても分からないで通すだろうと察した。そこで問いを変えた。

「迷惑なことは分かったが、何処で呼び止められたんだね」と聞くと、

「デパートを出て直ぐのところだったよ」と言い「宝石売り場からどのくらい離れた所だったか」については、エスカレーターを三、四回乗り継いできて、一階の正面の出入口から外へ出て、五、六メートルも歩いた所かなあ、全体の距離は分からないがね」と友達に喋るような口調になってきた。やはり話し相手が欲しいのだ。

「降りる途中の階で、買い物したり品物を見て回ったりしたかい」

「いや、していない」

「急いでいたのか」

「急いではいなかったが、ほかの物には興味はなかったし、買うものもなかったから」と、逃げる気など無かったよ、と警戒した。

「この時、君は一人だったのか、誰か連れはいなかったのか」と聞くと、運命論を展開した。「その日は、ずっと一人で行動していたんだ。誰かいれば俺の無実を証明してくれる筈なんだがね。検事、運・不運というものはあるもんだね。俺は運が悪かったんだよ」

「どういうわけであのデパートの、あの売り場へ行ったのかね」今度は動機を聞いた。すると相手は、お前はそんなことぐらい分からないのか、という風に、

「あの指輪を見たかったからだよ」と平然と言った。

「そうすると君は、以前からあの指輪を知っていたのか」と聞くと、

「そうだよ。この事件の前の外出日の時に見て知っていたのさ」と、当然という顔をした。

「そうかあ、それでは再び会えて良かったね」と、言ってやると、

「幸せに感じただけかい」とニンマリした。

「幸せに感じただけかい。有って良かったな、という感じはしなかったのかい」と聞くと、

「それはしたよ。やっぱりいい指輪だな、欲しいな、欲しいなと思って眺めたよ」と素直だ。

「手に取ってみなかったのかい」とちょっと話を進めると相手も然《さ》る者、

「ないね。顔を近づけて、じっと見たけれど触ってはいないよ」と話を遠ざけた。

「指輪と君のいた所とは、どのくらい離れていたか」と周辺事情を聞いてみた。

「この目で見たんだから、すぐ近くだよ。俺の手の届く範囲のところだったね」と答えたので「指輪はガラスケースの外に並んでいたんだよな」と言うと頷いたので、

「どのくらいの時間、そこにいたのかい」と気軽に聞くと、

「まぁ、十分くらいかな」と言ったので、

「自分の指にはめてみなかったのか」と問うと、「そんなことはしていない」とハッキリ否定した。とにかく指輪には手を触れていないことを強調したいらしい。

「輪の太い、細いは関係なかったのか」と聞くと、それは関係ないことだと答えた。

この辺で十分ばかり休憩した。結論は分かりきった話だが、相手が右に左に避ける様子が愉快だった。無宗教の検事は、今夜無聊《ぶりょう》に苦しんでいる相手をいたわってやっている気分だった。

取調べを再開した。

「そのまま君は、その場を離れたのかい」と言うと相手は大きく頷いて、「そうだよ」と言って胸を張った。

「そういうことになると、指輪は何時、君の手の中に入ったのかな」と穏やかにそして、もうこの辺で兜を脱いだらどうだ、というように言ってみたが、相手は、

「それが分かれば文句はないよ。だから困っているんだよ」と一歩も引く気はないようだ。

「そうなると、こういうことかな。指輪に足があって君を追いかけてきて、君がデパートから外に出た途端、君の手の中に入り込んだ、ということかな」と言うと、我が意を得たとばかり、

「そのとおりだ。俺も検事と全く同じように思っていたところだ。珍しい話だよな」と、通訳に誤訳のない限り、この兵士との問答はこれ以上無用と思ったが、数点とどめを刺しておくべき所を聞き、答えの要旨を箇条書きにした。

指輪が掌にあった日、所持金は殆ど無かった。指輪はえらく高い値段の物で自分の給料では、とても手に入るような物ではなく、女物だが男が使ってもおかしくない物だったが、自分の周辺には恋人やあんな綺麗な指輪をするような人はいない、ということだった。

これらすべての問答を通訳が英文でタイプを打ち、立会事務官が日本語の調書を作成した後検事が、

「君のようなことをした人を、この国ではドロボーと言うんだよ」と言ってやり、通訳が

伝えると兵士は急に立ち上がり、両手を挙げて大声で何か叫んだ。通訳によると「俺はここでドロボーにされた。神様助けてくれと言っている」と言うので、「何処の何という神様で、どんな御利益があるのか」と通訳に尋ねさせたが、「自分が心の中で信じている神様だから、教えるわけにはいかない」と断られてしまった。

調書を読み聞かせサインを求めたところ、間違いないと言いながら、ややサインに手間取っていたところ、長々と、くだらない問答に業を煮やしていたらしい憲兵が、つと立ち上がって兵士に近づき、調書の末尾を指さして「サイン」と一喝すると、兵士は反射的に署名し、まだ何か検事をからかいたかったのか、振り返り振り返りしながら引きずられるようにして去って行ったその顔が印象的だった。

とっぷり日が暮れて赤や緑のネオンの輝く明かりを、この二人はそれぞれどんな思いで眺めながら基地へ帰って行ったのだろうか。

今年もジングルベルの季節がやってきた。もうとっくに除隊になったであろうあの兵士は、あれからの歳月を本国でどのように過ごしたのだろうか。今頃は息子や孫に囲まれて暖房のよく効いた部屋でジングルベルを聞きながら、遠い昔のイブの夜に、はるか離れた異国の検事に、スッカリ腹の中を見透かされているのに、がむしゃらに容疑を否定し続けてきたことを思い出して、忍び笑いでもしているだろうかと想像する。

検事もあの音楽を聞くと遠い昔を思い起こし、あれも何かの縁だったのかなあ、と思わず苦笑してしまうのである。

青藍の章

利発な先達

新任を終えて一本の検事になり地方へ配置されていくと、大抵、大部屋に入れられる。そこには数人の若手検事が集められていて、期が数年上の世話役の検事がいろいろ面倒をみてくれて、仕事の手解《てほど》きもしてくれたが、変わったタイプの世話役に一年近く面倒を見てもらった。

弁解録取手続、略して「弁録」というが、それは身柄を拘束されたまま送検されてきた被疑者に対し、検事が「警察から送られてきた犯罪を犯したことに間違いはないか。違ったところがあれば弁解しろ。弁護人を付けたければ申し出ろ」というようなことを告げて話を聞き、これは釈放してもかまわない、これは裁判所に勾留の請求をして調べをしよう、という風に区分けするのが、捜査の始まりである。

誰に教えられたわけではないのに検事は、縄付きで警察官に付き添われてくる被疑者に対しては一対一で弁録を取る。弁録を取り終わると処分決定するまで一時の間、検察庁内に設けてある控え室に戻し、それからまた次の被疑者に対しても同じ方法をとるから、被疑者の数が多いとそれだけ質疑応答の時間も長くかかることになるが、それは仕方のないことだ。親身になって聞いてやるのが検事の仕事なのだから。

ところが共犯事件で、共犯者が十人も二十人もいると厄介だ。犯罪事実が同じであるのに、一人呼び入れて弁録を取り、その後も人数分だけ同じ手続きをしていると時間ばかり食う。この点我が世話役検事は頭が利いた。

彼は身柄がぞろぞろ数珠繋ぎで連れてこられると、自分の部屋でなく会議室へ通す。そして全員を横一列に並べてから脇にいる立会事務官に命じ、一回だけ警察送致の「犯罪事実」を読み上げさせ「これに相違ないか」と問い、全員が「間違いありません」と答えると引き続き弁解事項の有無、弁護人を付けられることを告げてその場で全員一斉に署名、指印させるから、通常二、三時間かかる大勢の弁録を十分前後で取り終える。

これは予め記録を見てこの事件の主立《おもだ》った者の供述を知り、主としてその人間に問いかけるようにして弁録を取るから、下っ端は必ずそれに従って認めるものだ、ということを十分承知していたからで、手数と時間のかからない便利な手法ではあったが、これを真似る検事は一人もなく、世話役としても決して推奨しなかった。これはこの世話役の専売のようだった。

島に大火が発生した。相当大きな島だったが大半の建物が焼失した。火元は工場の宿直室のタバコの火の不始末からで、関係者も多いと聞いた。現場へ行くことになったとき世話役は「事務官一人を連れて行けば用は足りる」と言って、立会事務官一人だけ伴って出掛けて行き、長く掛かるだろうとの皆の予想に反し、二、三日して帰庁した。

彼の話によると、なにしろ関係者が多いのでなかなかいい考えが浮かばなかったが、ふと霊感が働き、工場の全員一人残らず一堂に集め、皆それぞれが平常からの顔見知りだから嘘は言うまいと思い、タバコを吸う者と吸わない者に区分けした。これは各自の申告によったが、島のタバコ屋の小父さんや小母さんも参考人として立ち会わせておいたので間違いはなかった。

その結果吸わない人に対しては、早く戻って焼け跡の整理をするように勧め、喫煙者は残して、捜査員に対し「徹底的に調べるように」と指示して帰って来たので犯人は近日中に分かるよと言っていた。

能率的な見事な初動捜査の指揮だった。

このように物事を急ぐ人だから物忘れをすることもある。ある日公判立会のため検事席に着き風呂敷包みを解いたところ、記録はあったが肝心の起訴状がない。自分が入れそこなったのか、事務官が渡し忘れたのか分からないが、これが無くては裁判は始まらない。取りに行くにしても届けさせるにしても時間がない。すでに裁判官は三人とも座って起訴状の朗読を待っている。

世話役検事は、いつもする法廷での仏頂面を急に笑顔に変えてニコニコしながら弁護人席に近づき、平身低頭して弁護人から自分の書いた起訴状を借り受けてきて読み上げたという。その機知と度胸の良さは優れたものだが、何か兵隊が鉄砲を置き忘れて戦場へ行ったようで感心できず、しかもそれを堂々と読み上げたところを想像すると、敵から兵器を借りてきてその兵器で敵を掃討するようなもので、後にも先にも聞いたことがない出来事に、被告人は、弁護士も起訴状なんか貸さなければよかったものを、と思っていたかもしれない。

どうもこの世話役は、日本語の話せる外国人が好きなようで、外国人を調べていると寄ってきて「終わったらちょっと貸してくれ」と耳打ちする。調べを早めに切り上げて世話役の所に行かせると、世話役は一生懸命その国の弁護士の待遇について聞いている。ある時、その理由を尋ねたら、若い頃病気をしていて出遅れている。だから、収入の多い国の弁護士になって、もう少し豊かな生活をしたいのだ、と言うので、
「外国で弁護士をするのはいいけど、それなりの資格が必要じゃないんでしょうかねえ」と言うと、
「そうだったな。それを忘れていた。行けばすぐ自由に活躍できると思っていたよ。そうなるともっと遅れて、十分働けなくなっちゃうよな。そこが抜けていた」と言って大笑いしたが、どうもこの一手間をかけることは嫌いのようだった。

だが、ただ一つ、この人が決して急がず、落ち着き払って待つものがあった。

それは「昼食の注文は必ず零時四十五分にする」ということだった。これは全員に勧めた。それはこの時間になると大抵の人は昼飯を済ませている。いつも配達させるうまいカレーも初めの段階では上澄みで殆ど肉がない。しかし、ここで注文する頃は、底の方に重い牛肉が残っているから、「同じ金を出すなら、少し腹が空いても我慢して待ち肉の多い方を食べろよ。これも世話役の御奉公の一つだ」と言った。

世話役は後輩を思う好い人だった。

数年後、定年を待たずに退官して弁護士を開業したが、おそらく縦横に頭を働かせて粉骨砕身、依頼者のために尽くしたのだろう、たちまち県下一の腕の良い温かみのある先生として名を挙げたようだ。外国にまで行かず、国内に留まっていたのが正解だった。

深追い不興を買う

正午ちょっと前、食堂の入口付近で直属の上司と目が合った。

「あっ、いい所で会った。これ二時半からのものだが、立会検事の子供さんが急に高熱を出し緊急入院してしまったんで、今日のこの公判を誰かに代わってもらってほしい、と先刻電話があったんだ。すまないが手が空いていたら立ち会ってもらえないか。大して手のかかるものじゃないようだから頼むよ」と言うので了解すると、一枚の罫紙を渡してよこした。

気忙《きぜわ》しく聞き書きをしたらしく乱れた字で、「刑事部からは傷害致死で起訴したものを送ってきたのだが、公判で死因を争われて揉め再鑑定に付され、今日はその再鑑定人の尋問だけ」とあり、先程の上司の話のような、簡単なものではないような気がしたが、しかし、訴訟はすでに双方が主張を終え、死因だけを鑑定し直しているのだから、大騒ぎせずに、こちらの言い分と相違している箇所とその理由だけを聞いてくれればいいんじゃないか、と思い、ゆっくり昼飯を済ませ、部屋に戻ってテレビのスイッチを入れたり、部屋に来た同僚と冗談を言い合ったりして、指定時刻のちょっと前に法廷に入って行った。

まだ、開廷前なので広い法廷は薄暗く、たくさんある傍聴席には一人だけ最前列の席に腰かけていた。これが再鑑定をした人か、と思いながら検事席へ腰を下ろすと、気配で感じたらしい五十前後の気難しそうな顔をした人は、こちらを一瞥しただけで、目で挨拶もしなかった。

何か、初めから怒っているようだった。おそらく検察庁の手法で、再鑑定をあれこれ言って争うのだろうと、坊主憎くけりゃ式で、初めて出てきた検事に対しても敵意を持っているように感じた。

間もなく開廷となり、申請側の弁護人から詳細な尋問が行われた。それに対してこの人は機嫌良く答え問答は滑らかに進み、結論として「原鑑定の死因の認定は誤りで、自分がした再鑑定の結論が正しい」ということだった。それは、この事件は無罪だよ、ということを意味していた。

訴訟の仕組みから、次はこちら側がその人から物を尋ねる順になるが、この人の弁護人に対する答弁を聞いた限りでは、何の矛盾も無理もなくきわめて自然で、全く文句のつけようがなかったので、次に裁判所が「何か」とこちらに聞くことがあるか、と催促したが、「ありません」と答えた。

本来は、その日はそれで終了なのだが、検事はこのとき大変な忘れ物をしたように感じた。それは、一体この人は何処の誰なんだ、ということが全然自分には分かっていない、ということだった。つまり、立場上、どこのどういう人から聞かされたのか分からない意見に対し、百パーセント同意を意味する「こちらからの尋問はありません」と言ってしまった軽はずみな言葉を、どのようにして立会検事や上司に納得させるか考えた。

もちろん、この人に再鑑定を命じた時には裁判官も立会検事も全員揃ってその経歴等一切聞いたに相違ないが、途中から飛び入りした検事は、この日初めて見ただけの人で、正直言ってその正体は全く分からない。どうせ法医鑑定だから医者には相違なかろうが、ただ、どこの誰かが喋った結論だけを大事そうに持ち帰って報告するのは、子供の使いに等しいじゃないかと思い、それを補うにはこの人の医学界における格付けだけでも知ってお

こうと考え、もう閉廷を告げようとしている裁判長に向かって、

「ちょっと、この方にお聞きしたいことがある」と申し出て許可を得て前置きした。

「今頃になってお聞きするのは申し訳ないのですが、私は今日、臨時にここに立ったので分からないことがあり、ちょっとその点をお聞きしたいのです。時間はとらせませんのでよろしく」と仁義を切り、大学名と法医学を専門とする者であることを聞いて確かめた。

しかし、この検事は幼稚というか、物分かりが悪いというか、それだけでは満足しなかった。それより深く地位、職務を知りたかった。それは今までの経験から再鑑定は原鑑定人より上位か、その道の権威が行うものという先入観からだった。

それで当然のことのように、

「あなたはその大学の教授でいらっしゃいますか」と聞いた。これに対し、「いや」というように聞こえはしたが、声が低く、こちらでは教授だと思い込んでいるから、聞き違いだろうと思い、

「教授なのですね」と念を押すように言うと相手は、うるさい奴だなという風に、

「そうではありません」とだけ言った。

変だな、と思ったが、何か教室の都合で次順位の人かと思い、「それでは助教授でいらっしゃいますか」と言うと相手は、お前に言ってもしょうがないという風に「違います」と言うだけで身も蓋もない。いやしくも傷害致死として起訴され再鑑定にまでかけられている事件を、教授でもなければ助教授でもない者が判定するんだろうか、と思ったとき、検事は行く手が見えなくなり、縋《すが》るものがなくなった感じで、立ち往生というのはこういうものかと思った。

地位の上下で鑑定書の内容や価値に差を付けるようなことは絶対にしない。学問に情熱を傾けている人達に甲乙はない。

そういうことが十分に分かっていながら、程度というものを知らないところにこの検事の幼児性がある。よせばいいのに、

「じゃあ貴方は、一体、大学で何をしているんですか」と言うと、相手は、それじゃあいけないのかよと言うような口振りで「講師ですよ」と言って口を噤《つぐ》んだ。自虐的な言い方に学者らしくないところはあったが、鑑定が立派なら講師で十分、と思っていたから、

「分かりました。私のお聞きしたかったのは、以上の事柄だけです。時間を取らせてすみませんでした」と謝意を表したが、相手は苦虫をかみつぶしたような顔をして出て行った。

検事の深追いが相手方の不興を買うことは運命的なものだと思う。それがなければ真相の究明は難しい。ただこの再鑑定人に対しては、ちょっとしつこ過ぎたようだったと反省した。

数年後ある書店であの人の著作を目にした。懐かしくて手に取り、二、三ページめくり、あの時は大変不愉快な思いをさせてすまなかったと、心の中で言った。当時とは異なる大学の教授になっていた。

刑事司法のいま

汗と涙と鼻水と涎《よだれ》を顔中一杯に塗りたくったような男二人が、広い法廷の床の上を縦に横に這いずり廻り、裁判官席、検事席そして傍聴人席にまで向かって合掌し、額を床にこすりつけて泣き喚きながら「許してください。死刑にだけはしないでください。悪うございました。反省しています。許してください。お願いです」と、とぎれとぎれに叫び、もう、これ以上謝りようがない、という風に詫び続ける公判に立ち会った。

本来、立ち会うべき主任検事が、当日、急遽取調べで出張してしまったため、この日臨時にこの法廷に立ち会ったのだが、すでに死刑の求刑論告は前回済んでいて、この日は弁護人の弁論と二人の被告人の陳述だけが行われた。

赤銅色に日焼けした太い腕の頑丈そうな三十代の荒くれた感じの二人の被告人が共謀し、初老で好色と噂の豪商の旦那に、その頃この町出身の若い人気のある器量の好い女性歌手に引き合わせてやるからと、嘘の話を持ち掛けて信用させ、先に大金を取っておいてその夜、舟着き場から船に乗せて湾の中程まで行った所で、二人がかりで旦那の首を絞めるなどして殺害し、死体をすぐ海中に放り込んでしまったものであった。

三人の裁判官は一言も発せず、壇上から静かに二人を見下ろしていたが、やがて二人が泣き疲れた頃を見計らって閉廷し、次回期日に判決を言い渡す旨を告げて出て行った。

その後、一か月した頃会食で会った主任検事から、被告人両名は死刑だった、と聞いたが、それはそうだろうなと思っただけで何の感慨もなかった。人を殺したんだから当然のことだと思っていたからだ。

ところが、その頃のある日、その裁判所の廊下で、時折公判に立ち会う年配の書記官に出会った時、挨拶の後いきなり、

「検事さんは、以前、大勢の女の子殺しの事件を担当されたことがありますよね」と言った。十年ほど前に担当した事件のことだった。なんでまた今頃、こんな離れた地方でそんな古いことを聞くのかな、と思ったが、

「うん、古い話だよね。どうしてそんなこと知っているの」と言うと、必要があってその

事件の判決の謄本だか、写しだか取り寄せたところ、検事さんの名前が載っていたのだ、と言ったがその日の公判開始時間も迫っていたので、そうかいと言っただけで理由も聞かずに別れてきたが、腹の中では八人も人を殺せば死刑になるのは当たり前のことで、今更そんな判決を参考にしたところで何にもならないだろうにと、当時は気にもしていなかったが、今になって考えてみると、どうもその頃から殺人罪における死刑の適用を、徐々に狭めていこうという動きが出ていたのだろう、と思われた。だから判決の写し等は、その検討資料だったのだ。

その後、一、二年してその土地から離れ、当分の間、捜査、公判から遠ざかっていた間に風向きが変わり、人を殺せば死刑になるんだという自明の理が刑事裁判から崩れたようになっていた。

誰が何時、何の目的から言い出したのか、また考え出したのか知らないが、人は人間の一人や二人殺しても余程のことがなければ死刑などにならないし、数人がかりで一人の人間をなぶり殺しても滅多に死刑にはならないという風潮になっていた。

言葉を換えて言えば、人を殺した者の生命は尊くかつ重く、ちょっとやそっとのことでこの地球から追い出してはいけない。殺された方はそれなりの理由があったのだろうから放っておけばよい。「人の噂も七十五日」と言うではないか。忘れるよ世間は忙しいから、いつまでも言うな、という具合に転化したものらしく、いわば殺人犯の天国になっていた。

この現象の発生源は分からないが、何処からともなく、そして誰からともなく口にされ伝播してきたのだろう。だから殺人にしても、自分達の近くのことではない。自分達とは遠く離れた対岸の火事のように思っている人達が、次々とこの考えを広めていったのかもしれない。死刑を言い渡さず死一等を減じてやってよかった、と自画自賛している裁判官もその同調者の一人で、やはり根源には死刑廃止の考えがあるのかもしれない。

話が思わず死刑廃止のこと等に触れたが、死刑については反対であっても賛成であってもかまわない。それは主張する人の事情や立場からのものだから自由だが、ただ死刑廃止だという自分の信念と、惨殺された被害者達の無惨な死については、截《せつ》然たる差をつけて見つめてほしい。そこでは、主義や信念でなく、人間の心で見てほしい。

嘘か本当か分からない話だが、死刑の廃止に賛成していた人の近親者が殺害されたらしい。するとその人はその時から死刑廃止を口にしなくなった、と聞いたことがある。似たような話だが、昔々、泥棒達から神様のように慕われていた裁判官がいたそうだ。泥棒に寛大な判決を言い渡していたからだそうだが、ある日を境に厳罰を科すようになったという。自宅に泥棒が入ったことが原因だったそうだ。

人間の主義、主張、信念などというものは、自分の都合で変わることもあるようだ。

ただ、裁判だけは、偏頗《へんぱ》なくやってもらいたいもので、裁く人間の主義や主張でやってもらっては迷惑だ。一人や二人殺したって死刑にしない。もっと多くなければダメだ、などという風潮に飲み込まれると、そのうちそれが慣例となり、裁判が上の段階に持ち込まれるとそれが判例などというものになり、下級審の裁判官はそれに抵抗し得ない場合も生ずるのではないかという危惧をいだく。

死刑の言い渡しが減ってきたことから、その関連を縷々《るる》述べてきたが、本来なら公平上死刑に値するような犯罪につき、死一等を減じて「無期懲役に処する」とすることが、死刑判決を嫌忌する裁判官のいい避難所となるようで、判決の理由の段階ではこんな極悪非道の行為はない、と言って死刑をほのめかしておきながら、いざ判決言い渡しの場にくると、くるりと態度を変えて無期懲役に滑り込ませてしまう例もある。死刑に相当するものを無期懲役にすれば、人聞きもいいし、収まりもいいと思っているのだろうか。

無期懲役は死刑のすぐ下にあり近所同士だからいいや等と、もし考えている人があるとすれば、それは、大きな間違いである。

これに関し植松正氏は「死刑と無期との間には格段の開きがある。死刑は犯人の命を断ち切るからそれまでだが、無期刑の方は仮出獄が常に行われるので、実際の服役は平均十三年くらいにしか当たらない。どんなに例外的に長くとも、事実上はほぼ二十年が限度というのがわが国の実情である(注)」とされている。

以前地方に勤務している時、老婆に対する強盗殺人で無期懲役を言い渡されて仮出獄した男が、再び老婆を襲って強盗殺人を犯した事件に立ち会ったことがある。死ななくともいい人がまた殺されたのだ。

同氏は更に同書においても、被害者の数についても触れ「どうも近時わが国の刑事司法は、二人以上の人命を奪った場合でなければ、死刑を科さないことを慣例化しようとしているかにみえるが、そんなに人数に拘られるのは不合理である。行為の残虐性をもっと重視するべきである(注)」としている。

わが国の刑事司法が現状のような有様だとそのうち諸外国の中から、日本の裁判は、なにか殺され損で、人間の価値より数を問題としていて信用できないから、この国の裁判は受けないで本国で引き取るという風に条約で改めよう、と言い出す国が出てくるかも知れない。

(注) 法の視点　植松正(兼六館出版)

目利きのステッキ

残暑が厳しい日の夕方、静かに波の打ち寄せる砂浜を、素足にくたびれた下駄を履き、ギシリ、ギシリと砂を踏みしめながら歩く青年があった。遠い昔のことだ。

伸びた頭髪、青白い顔、やせた体に、やや大きめな開襟シャツとしわだらけの黒い長ズボンを穿き、いかにも勉強に疲れた受験浪人とみえる格好で、人並みにスランプというようなものに落ち込んだらしく、受験のことを考えるだけでアクビが出るようになってきたため、少し海の風にでも当たって気分を転換するべく出掛けてきたものである。

海水浴シーズンも終わり、浜には人影もまばらであったが、遠くに舟底を上に向けて日干ししてあるボートがあり、その傍らを、こちらに向かって歩いてくる初老の紳士、淑女の姿が目に映った。気にもせず歩き続け、ある程度相互の距離が迫ったところでヒョイと見ると、男性はかつてある時期、民事法を講じてくれた元貴族院勅選議員を務めた判事で、女性はその奥方のようだった。

講義は短期間のものだったし、聴講生も多く、もちろんこちらの顔など覚えているわけはなかったが、いよいよ接近して擦れ違いそうになる直前、こちらの足が止まり、直立不動の姿勢になっていて、うやうやしく頭を下げた。相手はパナマ帽を被り、目を中天に向けてステッキを握った気取った様子で歩いてきたが、さすがに、目の前に立って挨拶をしている貧相な青年を無視することもできなかったのだろう、こちらの顔を見て軽く頷くようにして歩度もゆるめず、そのまま行きすぎていった。

その時以来、青年の脳裏からは、紳士の手にしたステッキの握り方、振り上げ方そして振り下ろす姿が消え去ることはなかった。あまり背は高くはないが、細身の体に着た麻の上着の胸を反らして、軽く高く振り上げて一歩進み、次にゆるやかにそれを砂上に下ろしてまた一歩進む、という自然さと優雅さが備わった身のこなしが、どうみても紳士であった。

青年は思った。俺も必ず資格を取って、今にあの海岸を、あんな風にステッキを振って歩いてみたい、と夢見るようになった。

それから幾星霜、かつての受験浪人も法曹界入りし、長い年月を身を削るような多忙な日々を過ごしてきて、やっと一段落したとき、ふと若かりし日のあの海岸の風景を思い出し、そうだ、まだあれをやっていないと思い立ち、亡父が晩年ちょっと使っただけの細身のステッキを、実家から手に入れた。

初夏の一日、この日も暑かった。午後「新《さら》のワイシャツに新《さら》のジャケット」を着用し、家人を伴って勿論ステッキを持ち海岸に向かったが、照りつける湘南の太陽は強く烈しく、汗は流れこのまま歩き続ければ熱中症間違いなしと感じ、途中から引き返すことにしたが、なにしろステッキを使いたくて出てきたのだから、これを抱きかかえて帰ったのでは意味がない。そのため、舗装道路上を大股に力強くステッキをついて歩いた。後を付いてくる家人は、「うるさい」と言いたくなるくらい「もう少しユッタリと静かに歩いた方がいい」とか「そんなに力んで振り回さない方がいい」とか「もっと軽やかに、上品に歩いた方がいい」と忠告してくれたが、さすがに「ここは舗装道路であって砂地ではないから突くのは危ない」とは言ってくれなかった。知らなかったのだ。

間もなく、元気よく振り上げて強く振り下ろしたステッキの先端が、物凄い勢いで舗装道路の上を滑り、情けなくも、それに全身を託していた大きな体が細いステッキの思いのままに、野球の選手が盗塁して滑り込むような格好で、それも顔から先に舗装道路に当たった。倒れかかりながらこのステッキで何とか立ち止まろうとしたが、ステッキは協力してくれなかった。この時からこのステッキは当てにならない棒切れだと思った。

真っ正面からまともに顔を打ちつけたため思いっきり鼻血が出て止まらず、ついに救急車まで出動してきて病院に運ばれた。

車の中で目を閉じ鼻を押さえながら考えた。俺はステッキなど使う人間にはできていない。親からもらった二本の足で歩けばいいのだ、それに、俺の体には貴族の血なんか流れていないんだ。そんな真似をして歩いてみても、メッキはすぐに剥がれるものだ、と。

ステッキも同じようなことを考えていたのだろう。「この男は身の程知らずなんだ」と。だから人目の多い大通りで主人が四つん這いになったのを、冷めた目で眺めていたに相違ない。このステッキは目利きだ。

殺意を探そう

一日の勤務を終え帰ろうとしていたところへ、けたたましく飛び込んで来た検事がいた。当庁の最年少検事だ。今頃どうしたんだ、口には出さなかったが、相手はこちらの気持ちを十分察していたようだった。

「遅くなってすみません。どうしても、殺意が取れないもんで」と言った。

警察が殺人罪として送致してきてから、かなり日が経ち、勾留も延長して残りは三、四日しかない案件だ。殺意が取れなくては殺人罪は成立しない。

「なんだい、初めの頃は大丈夫みたいな顔をしていたじゃないか」と言ってやったが、相手は笑う元気もないらしく、

「警察調書では、出刃包丁で刺し殺したことを簡単に認めていたので、私の前でも当然、『殺す気はあった』と言うものと思って事情聴取に当たったのですが、『刺すときは夢中で、殺すとか、どうしてやろうという気持ち等があったかどうか分からない』と言い出し、これを何回聴きただしても同じ事しか言わないので、どうしようもなく相談に上がったのです」と言った。

帰りを遅らせて相手をしてやろうと考えた。殺人罪が成立するためには、殺人の故意、すなわち殺意がなければならない。だから他人からの行為で人が死んだ場合でも、殺意が認められなければ、傷害致死とか過失致死ということで扱いが違ってくる。殺意が取れなければ殺人罪とはいえないのだから、この検事はホトホト困っているらしい。

出刃包丁による殺人をこの最年少検事に割り当てたのは、まずかった。

ピストルで撃ち殺したり、日本刀で切りつけて殺したり、毒をもって殺したり、布ひもで何重にも首を絞めて殺したものなら、それだけで殺意は明瞭である。しかし、日常、肉を切ったり魚を調理したりする包丁類は、それ自体殺傷用の物ではないから、これを殺人の凶器として使っても即殺意に基づくものとは言えない。だからこの場合、ハッキリ殺す気持ちだったと言わせられないかぎり、あまり歯切れはよくないが未必の故意という、これで刺せば、あるいは相手は死ぬかもしれないが、かまわない、やってやれ、というようにも捜査官が考えだしたような理屈っぽい殺意の供述になってしまうのだ。若いこの検事に、そんな安易な手を覚えさせてはいけない。

捜査に小細工はいけない。あったままの事実を、そのままに取るのが捜査なのだ。

そもそもこの事件は、十九歳の街の愚連隊の男が、祭りの話か何かで幾つかのヤクザやチンピラの団体と集まって協議した時、この街最大のヤクザの組の幹部から、大勢の前で大恥をかかせられたため、即座に殺意を生じ、散会となると同時に金物屋に行き、ガッシリした凄く立派な出刃包丁を購入し、それを持って五日間その幹部の後をつけ、幹部がパチンコ店に入り、弾いた玉の行方を目で追っている背後から、その背中に、柄の付け根まで達するほど出刃包丁を突き刺し殺害したものである。

単純で筋のいい事件だったが、犯意がガッシリ取れていれば、裁判所もこの検事を若いのに優秀だと特別の目で見てくれると思い、補充捜査を命じた。問答式の押さえの調書であった。

問　恥をかかせた幹部を本当に殺そうとしたのか。
答　そのとおりです。
問　出刃包丁を買い入れた目的は。
答　あの幹部を殺すためです。

問　包丁を買ってから、どこに置いておいたか。
答　夜は下宿の私の部屋、昼は私が持っていました。持ち歩いていたのです。
問　なぜ、持ち歩いていたか。
答　見つけたら、すぐ刺すつもりだったからです。
問　五日間ずっと殺す気持ちで持っていたのか。
答　そうです。
問　途中で、もう殺すのは止めようと考えたことはなかったか。
答　そういう気持ちを持ったことはありませんでした。
問　パチンコ屋に入った時の気持ちは。
答　その時までは殺す気でしたが、奴の背中を見た途端カーッとなりそのまま夢中で刺しました。

出刃包丁を購入したときから殺害に至るまで殺意を持ち続けていたことを、自由にそのまま答えさせたのである。勾留中この少年は二十歳になったので、成人並みに公判請求した。

殺意の継続というところに焦点を絞ったのである。

愛惜の本

六十年近く、何の役にも立たないくせに付いて回っている本がある。

本来の緑色の表紙カバーが、いつの間にか茶色に変わり、角が擦れ、所々捲れ上がった新書判くらいの背丈だが、一人前に書斎の本棚の、背の高い本の間に立っている。


法曹の卵になった頃、ほんの思い付きだったのだろうが、一応法律以外の知識教養を培っておこうと殊勝にも買い求めたものの、今、開いてみると二七八ページのうち七二ページまでの所には赤エンピツで傍線が所々引いてあるが、それ以降は全く見た形跡はなく、これでは教養が身に付いているわけがない。

高名な哲学者の著した入門書で、読みたくて買ったくせに、何ページか読んで中断し、また日を改めて初めから読みなおして中断し、こんなことの繰り返しで、今では赤い傍線の部分まで意味不明になってしまい、著者には申し訳ないことをしたと謝るほかない。

入門書というくらいだから、内容が難しいわけではない筈なのに、どうして六十年近く手元に置きながら完読できなかったのかの理由はこの本にある。

折角買い求めた本だから読みたい気持ちは十分あったし、在官中でも暇な時があった。それは年始などの比較的継続して取れる休暇だった。そうだ、あれを読もうと思い立って手に取り、改まった気分で読み始め数日すると、どういうわけか、どう見積もっても二十日間、つまり勾留延長期間全部はかかりそうな事件がやってくる。

事件捜査と、教養のための哲学書読みとなれば、悲しいことに人間は給料の出る方を優先する。それに現場は盆と正月が一緒に来たような忙しさになるから、そんな時に哲学の本などめくって、瞑想に耽るようなことをしていれば「ぼんやりしていないで、さっさとやれ」と怒鳴りとばされることが明らかなので、本とはいずれまたということで縁が切れてしまう。

本業優先のためやむなく閉じ、栞《しおり》をはさんで必ず再会することを心に期したことしばしばだが、いつもそのことの繰り返しで、この本には大きな事件を引っ張ってくる力があったらしく、やたらと手数のかかるものを、頼みもしないのに運んできた。それは退官のときまで続いた。

さて、野《や》に下った。私選の依頼など一件もない。当たり前のことだ。官に在る時は同僚以外とは付き合わず、家庭においては官舎は役所の延長のようなもので、周辺に住んでいるのは同業者の家族で、他との交流はなく、さあ開業しましたからなどと、急に笑顔を作っても誰も信用しない。この間まであんなに偉そうにしていたくせに、と陰口を言われるくらいである。

顔見知りの同業者なんてものは無責任で、顔を見れば「なに、始めのうちは誰でもそんなもんだよ。そのうちきっと来るから短気をおこさずに落ち着いていろよ。大丈夫だよ」などと言ってくれたが、いつまで経っても依頼者は現れない。まさに「門前雀羅を張る」だ。

夜中に目が覚めて暗い天井を見つめていた時、いい言葉が出てきた。「窮すれば通ず」

だ。咄嗟にあの本のことだ、と思った。やはり世の中は待てば海路の日和があるものだ。もう、内容が分からなくてもいいから繙《ひもと》くことだ。そうすれば依頼者は列を成すほど来る筈だ。あの本の力強さは知りすぎる程知っている。客は来る。必ず来る。そう信じ翌朝、本と久しぶりに対面した。勿論、本は「これから沢山仕事を持ってきますから、よろしく」などと口に出しては言わないけれど、急に手厚く撫でるようにしてくれたこの主人に好感を持った筈だ。

純情な主人は早速開いて本を読み始めたが、一か月が過ぎ二か月が経ち、半年超えても状況に変化はなかった。

ただ、一つ知り合いの人が持ち込んできた相談事は、この人の定年退職した義弟が在職中あまりに亭主関白であったため、その妻から離婚を迫られているのだが義弟は別れたくない、なんとか食い止めてほしい、というもので、二人の仲は茶わんのひび程度でなくまさに割れる寸前にある、ということだった。

なにしろ初めて来た相談なので興奮し、翌朝ラジオ体操の時間頃電話をし、その妻から詳細を聞いたが、凄く気の強い人で散々夫の悪口を言った挙げ句「弁護士さん、よそに電話を寄越すには時間が早過ぎませんか」とけんつくをくって一遍でこりてしまい、以後民事事件は全てやらなくなった。

　こうなると人の気持ちは恨みに変わる。在官中は仕事を呼び人一倍働かせておきながら、在野に変わったら手のひらを返すように態度を変えたと思うと、迷惑だけかけてきたこの本がやたらと目障りになってきた。そして処分してしまえ、こんな本という気持ちになってきた。

　そんな折、最近開業したらしい古書籍売買の書店から「用済みの法律、政治、思想等の本を買い取る。全国へ車で定期的に巡回しているから連絡があれば参上する」というハガキが舞い込んできた。これを見て、これがこの本との縁を切ってしまえという暗示かな、としばらく考えた。どう考えてもこの本が今後とてつもない大仕事を運び込んでくるものとは思えなかったが、やはり考える所があった。

　それは遠い昔の自分に立ち返ったのだ。記憶はこの本を買い求めた時代に遡った。そこには、専門分野を超えて、広く豊かな人格の持ち主になろうとして、いろいろな本を探し廻っていた頃の若い自分の残影があった。そうだ、この本もその時代の愛惜の一冊だ。若き日の自分の思い出の本だ、と。

本は今日も、何事もなかったかのように、泰然自若として以前の所に立っている。

ボロ家の夏

「検事ンとこ、蜂飼ってるんですか」と玄関先で叫ぶ声がした。太陽のギラギラ差す日の朝である。なんだい朝っぱらから酔っ払いのような奴がやってきてと思い出て行くと、初めて見る若い大男が突っ立っていて、昨日着任してきた新聞記者だが、今度、検事の担当している事件の取材のため応援に来た、と言って名刺をよこした。

「蜂が気になったようだが、俺は家族を養うのが精一杯で、蜂なんか世話する余裕はないよ」と言うと相手は「いやあ、ここへ来ようと思って、路地に一歩足を踏み入れた途端、蜂が群れをなして飛んできて、目の前を行ったり来たりするもんで、危なくってすぐに玄関に来られなかったもんですから」と弁解したので、

「見慣れない不審な男がやって来たからと、警戒したんじゃないか」と言ってやった。

どこも刺されなかったと言うのでそのまま帰ってもらったがその際、次回からの注意をしておいた。

「見ろよ。このとおりこの官舎はボロ家なんだ。庭の木や葉も伸び放題で何の手入れもしていない。だから来る時は、蜂や蚊にやられないように覆面用の風呂敷と軍手くらい用意してきた方がいいよ」と忠告すると相手も相手だ、

「まるで忍者ですね」と言うので、「よく似合うんじゃないか」で別れた。

その地方の夏の暑さは有名だが、特にその年は暑かった。しかし、各社の記者はよくやってきた。雑談の中から何かを引っ張り出して一面を飾りたい気持ちはよく分かるが、こちらも捜査の秘密というものがあるから、素直に向き合えないまま話は延々と続き、夜の更けることも多い。検事が捜査中の事件の重要な部分を話すわけがないのに、夜討ち朝

駆けを受けたが、応対していて彼らがよく事件の問題点を研究していることを知り、やはり、好きでなければやれない仕事だな、と感じた。

ある晩、蜘蛛の巣に、頭から突っ込んだ若い記者がきた。絹糸のように細くつやのある網の目の所々に、真珠のように光り輝く雨粒がついた顔は好男子で、ちょっと引き立った。

「いいねえ、その顔」と褒めると「いやあ」と恥ずかしそうに笑った。

足音をしのばせ、うまく検事に会い、喋らせようと考えながら歩いていると、この官舎の立木の枝と路地を挟んだ隣の官舎の木の枝との間に、張り渡されていた蜘蛛の巣が、ちょっと前に降った雨で低く垂れ下がっていた所へ気づかず突入したらしい。

目や口の周りに網包帯をしていては、思うように取材ができまいと、熱湯で暖めたタオルを手渡した。暫く顔に当てていたので、覆ったタオルの中でこんな辛い商売に就かなければよかったと悔やんでいるのかな、とちょっと心配になった。

全く手入れをしていない庭の立木の陰に身を潜めて、他社の記者が引き上げるのを見定めてからユックリ姿を見せたベテラン記者は、話しながら妙に落ち着かず、目を細めて気持ち良さそうに首筋を掻いたり、手の甲に爪を立てて夢中になって掻いたりした。

荒れ果てた庭での待ち時間が長く、そのため次々に襲ってくる蚊に、いやというほど刺されたが、「今日は、これだけは聞いておかなければ」と、仕事一途に立ち続けた、と苦行のほどを語った。「それこそ記者の鑑だ」と賞賛したものの特ダネになるような話はなかったが、顔や首筋の痒みが癒えるようにキンカンの塗り薬を渡した。


「検事は、蜘蛛や蚊を防塁として、我々を寄せ付けないようにしていたんですか」と、被害者同盟の代表のようなことを言った若い記者がいた。

秋も半ばに達し、捜査も終息して取材記者との別れの席上であった。

「そんなんじゃないんだな。俺の所のは。彼らは庭の木や枝に無料で住み込んでいるのを黙認してもらっているという、一宿一飯の恩義から自発的に警備してくれているんだと思うよ」と、その場の思いつきで、虫の気持ちを代弁してやった。


酔った面々が、それをどのように受け取ったか分からないが、そこには世代間の垣根を超えた友情があった。

福福しい男

笑っては喋り、はしゃいでは笑う客の一群が少し離れた通路にいた。じめじめした季節の、宵の口の満員に近い車内だった。混み合う客の合間から首を伸ばしてみると、五、六人の若いサラリーマン風の男達で、彼らよりやや年長の男を囲んで輪になっていた。

騒ぎの中心は、その年長の男で会社の最上階にある食堂へ行き、一杯飲もうと入り口に立っているビールの自動販売機に硬貨を入れたところ、紙コップとビールが出てきたのはいいが、ビールが止まらない。本人に言わせると「止まらない、と告げに行っている間もビールがどんどん出続けていては勿体ないから、その場にいて飲めるだけ飲んだ」という事だった。

そのうちに違う課の人間も聞きつけてやってきて山のような人だかりがして「遅れてきた者は床の上の泡だけを両手で掬って飲んでいたが、ああゆうのは運の悪い奴だな」などと笑いをふりまき、聞かされた方は羨まし気な、あるいは飲めずに惜しかったな、というような、それぞれが複雑な顔で笑っていたがそのうちちょっとの間笑いが止まった。

車内の客は、それまでずーっとビールの話を静聴していたらしく、笑いが止まった時も、次に出てくる言葉を期待しているようだった。年長の男は周囲の同僚達を見回し、次いで近くにいる車内の客にちょっと目を向けて、しばらく間を置いてから思わせぶりに少し低目の声で「金さ、現金さ。百円、五十円。おっと十円玉もあったかな。それがゾロゾロ、ガシャガシャガシャ出てきてね、それが受け皿からはみ出してきて止まらないのさ。弱ったね、その金には」と言った。「どうしたのその金は」と待ちきれなくなった一人が、やや神経質な声をあげた。「うん、転がりたいだけ転がっていたが、金にだけは手がいかなかったね。だって会社の金だもの」に、車内全員ホッとしたようだった。

法律家というものはバカで損な職業の者だ。他人の飲んだビールの心地良さを聞きながら、只飲みした人間の素姓、賠償問題など、そんな余計なことを考える暇があったら、自分の仕事を考えればいいのに、ついついビールのことだけに飲み込まれてしまった。

昔、どこかの国の議論を好む人達が「ビールの泡はビールであるか否か」という訴訟を起こしたところ「泡もビールである」という判決が出た、という話を聞いたことがあるが、今回の場合いち早く来て、黄金色の液体に喉を鳴らして飲んだ者と、遅れてやってきて床のふわふわの気泡を、両手で掬って掌を舐めた程度の者との間には、得た利益の差が大きい。

この事件を民法の不当利得と考えてみても、金銭に換算して損失を与えた会社に幾らくらいずつ払うことが適正であるのか、また飲んだり舐めたりしながら、そのまま姿を消してしまった者もかなりいるのであろうことを考えると、公平な処理は難しい。

下車するまでに得た結論は、巷で起こる単純な事件を、いちいち昔の法律書生のように難しく考えることはもはや流行らず、穏やかに手を打つことだ、ということだった。

このビールの件で福の神に出会った者は、自分から社長あるいは上司に申し出て謝ればよく、社長もこんな機械は撤収するなりすれば、円満に収まるだろう。

考えてみれば世の中なんて、法律など持ち出さなくても穏便に済むものだ。

父の勲章

叙勲の時期がやってくると思い出す、父の勲章のことである。

父は初老になってから官界に入ったため、官吏としての勤務年数は長い方ではなく、そのうえ母が病弱であったことから遠い地方への赴任に踏み切れず、転勤時期の都度断り続けたので、「長」という名の付くものにはなれず、従って叙勲適齢期になっても、貰える勲章の相場は、本人にも家族にもおおよその検討がついていた。

しかし、負けず嫌いな父は、間もなく叙勲適齢期になるという頃になると自分の在官期間の長くなかったことは棚に上げ、学校を同期に卒業した者よりも低めの勲章しか貰えないのが堪えられないらしく、晩酌でほろ酔うと「勲章なんてものはいらないよ。どうしてもくれるというのなら貰ってやってもいいが、そんな物はお前の娘のおもちゃにやるよ。ボクはいらないんだから」を口癖にしていた。

幼い女の子が、勲章などもらってもしょうがないじゃないかと思ったが、本人の無念の思いを知っている家族は、その気持ちをそれぞれの思いで静かに聞き入ったものだ。

そんなこともあってから何年か経ち、遠く離れた任地にいた時のある日の夕食どき、父からの電話だというので受話器を取ったところ、多少酒気を帯びているらしい太い声の父が、いきなり「ボクが勲章を貰ったことを知らないのかい」と言った。「いや、知っているよ」と答えたところ、次の言葉が心外だった。「知っていたのか、そうかい。ボクが勲章を貰ったのに、何も言ってこないのはおたくだけのもんだから、一体どうなっているのかと思ってね。そうかい、知っていたんだね」と言った。

電話の向こうで不機嫌極まりない顔をしている父の様子が手に取るように分かった。大体あの父が、「おたく」などという今まで全く口にしたことがないよそ行きの尊敬語を使ってきたこと自体、これは随分腹を立てているんだと分かった。

しかし、「知っていたんだね」を根に持ってくどくどと言ってくるので堪えられなくなった。それで、

「知ってはいたさ。だけど前から、あんなのいらない、と言っていたじゃないか」と言ってやった。父の貰った勲章が以前から父も家族も予想したとおりの物だったことは、すでに弟からの連絡で知っていたから、やはりそうだったか、気落ちしているだろうな、とむしろ同情する気持ちが強く、祝いを言うのも何かからかうようで気の毒だと思い、わざと何も言わなかったことだけなのに、今の父は、以前言ったことなど全く忘れてスッカリ機嫌が良くなっているらしい。

それだけに一言も祝意を表さない息子が頭にきたらしい。傍《かたわ》らで妹あたりが止めているようだったが、それを振り切ったのか、やや甲高い声で、

「それはたしかに、そう言ったよ。だからと言ってこんな時に一言も言ってこない、というのもどうかと思うね。よし、よく分かった。サヨナラ」と、言いたいことだけ言って電話を切ってしまった。

「いらないよ、そんな勲章。お前の娘にやるよ」と言った、かつての気炎はなかった。やはり現物を目の前にすると人の心は変わるものだ。父も老いたな、と思った。

額に入った勲記は、実家の座敷の長押《なげし》の上に掛けられてある。息子の趣味にはあわないことだが、それは貰った父の好みだから仕方がない。正月など身内が集まると、父は必ずその勲記が左斜め上に見えるところに座って、まだ、「本当は勲章なんて欲しくはなかったんだがね」などと言いつつも、ちょっと嬉しそうにそれを見上げた。

勲章など、今の世代には何の魅力も感興もそそらない物だろうが、老人にとっては黒塗りの箱に入った、ピカピカに光った物を貰うことが、無上の喜びであったようだ。

その父はもういない。時々実家を訪れ壁の勲記を見るたびに、あの電話のあった夜、なぜ素直に「よかったね。お目出度う」と一言いってやれなかったのか。その後も生存中の父に、なぜ一度も祝いの言葉をかけてやらなかったのか。そういう息子を父は、どう思っていただろうか。

父亡き後になって、自分の幼さと頑なさを後悔し反省している。

深緋の章

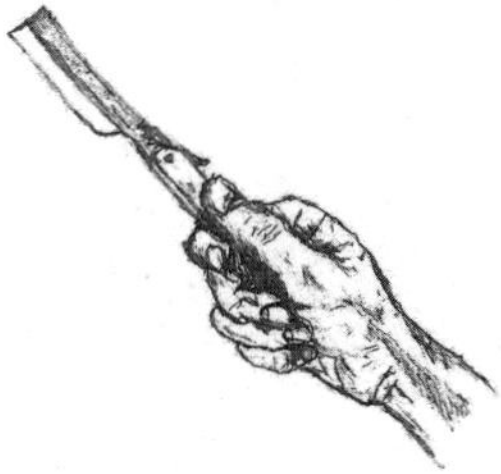

切っ掛けの記

Ａ　なぜ検事になったのか、ということを聞きたいということですね。

Ｂ　そうです。法曹には裁判官、検事、弁護士の三種類があるというのに、その中から特に検事を選んだわけをお聞きしたいのです。

Ａ　分かりました。ただね、検事になるということは法律という面倒な学問をし、それを生かして人間生活に生じるさまざまな事柄を正しく処理していくことですから、それは他の法曹つまり裁判官や弁護士と同じ法知識が必要なんですよ。

Ｂ　と、いうことは。

Ａ　うん。だから、どうして法律家になったのか、と聞くのが順序だと思いますよ。

Ｂ　そう言われれば、そんな気がしますね。

Ａ　では法律家を志した切っ掛けからお話ししますが、人間何をするにも、どんなものになるにしても、必ず切っ掛けというものがありますよね。それを本人がしっかり自覚しているか、どうかは別として。

Ｂ　そのように思いますね。

Ａ　先生や先輩から勧められたとか、知人がそういう職業に就いたとか、あるいは語学とか数学とかに優れていて先生から大変褒められたとか、物を読んで心を打たれたとか、いろいろある筈ですよね。それを根拠にして立ち向かっていくのが切っ掛けなのでしょうね。私はそう思います。

Ｂ　私もそうであると思います。

Ａ　私が法律家への道を選んだのも、そんなことかもしれません。ひょっとしたことですよ。聞いてみて「なあんだ、そんなことかい」と減滅を感じるようなことなのですよ。

Ｂ　改まって人様に話すほどのことではないようなことを仰いますよね。

Ａ　そうなんですよ。立志伝中の人、とまで言わなくとも、立派に一人前になった人のは「もっともだな」とか「やはり、そうなんだ」と頷けるようなものが、あるのでしょうが、私には、そんな切っ掛けはないのです。平々凡々、むしろそれ以下のものかもしれません。

Ｂ　じゃあ、どんな切っ掛けならば人に聞かれてもおかしくないもの、と言えるのですか。

Ａ　それはいくらでもありますが、法律家に限って言えば、こんなのがありますね。学費もままならないような家の息子が学校から帰ってきた時、親の多額な借金のためちょうど執行吏が来ていて差押えをしているのを見て、貧はつらいものだと痛感し、俺は必ずこういう人を救う者になろうと発奮し、弁護士になって弱者の味方になった人とか、高等小学校を出てすぐ裁判所の給仕に採用されたのはいいが、ある日、仕事中急に尿意を催し小用を足すべく一番近くの便所に入ったところ裁判官が居て「ここは高等官専用の所だ」と怒鳴られ、小用を足す所にも上下の差別があるのかと思い知り、苦学力行の末弁護士となり、金が無くても勉学の気持ちを持つ若者のために、夜間の法律専門学校を設立した、というような話を聞く度に、それに比べてこちらの立志の切っ掛けは、あまりにもお粗末なものであったから、それを明らかにしなければならない今日は、人生最悪の日のように感じますね。

B　だいぶ謙遜されているようですが、実は何なんですか。

A　それは本ですよ。私の切っ掛けは本にあるんですが、雑誌や小説の類ではなく裁判官の書いた「司法研究報告」というような題だったように記憶しています。

B　何歳くらいの時、お読みになったんですか。

A　そう十三、四歳の頃かな、大変暑い日で、上半身裸で寝転んで読んだんですよ。ほかに読むような物が無かったから開いてみたんでしょうが、実際にあった殺人事件の記録だったんですね。

B　どういう内容の事件だったんですか。

A　事件の内容は殆ど覚えていませんが、題目は「巣鴨の若妻殺し」というようなものでした。これについては、昭和六十一年二月二十二日、東京弁護士会図書館編、日本評論社刊の「稀覯《きこう》」という本に「内縁の妻殺害で逮捕され、予審免訴となるが、取り消されて公判開始。昭和十二年十二月十四日東京地裁で無罪。検事控訴で同十三年十一月七日逆転有罪、懲役七年の判決」とあるから波乱含みのものであったのでしょう。巣鴨あたりの銀行か信用金庫に勤めていた夫が、朝一旦出勤のため自宅を出て行き、その後、集金か預金の勧誘かで勤め先を出て、自宅に立ち寄り、妻を殺害したというもののようでしたね。

B　その本の、どんな所に引かれたのですか。

A　先にも言ったとおり、内容はほとんど覚えていないのですが、その報告書に使われている裁判長と被告人の、審理中交互に使われていた言葉の感触からなんですよ。当時のタイプ技術の関係からか、あるいは裁判所の慣行となっていたのか、審理中における裁判長の問いは「ソウテアルカ」と尋ね、これに対する被告人の答えは「ソウテス」とか「ソウテハアリマセン」というふうに片仮名で濁音なしのやり取りとなっていました。勿論、報告書という紙上の物ですがね。直接目にし耳にしたものでなくても人間はその場面、雰囲気を頭に描くことは可能です。薄暗い法廷に一人ポツンと立たされた被告人と裁判長の相互の言葉の冷徹さと荘厳さから、一人の人間を裁くには、穏やかに考えつつ聴く。こういう仕事がいいな、と感じこれに憧れを持った、ということです。もしあの時、あの報告書を読んでいなければ私は法律を友とするような職業には就いていなかったかもしれませんね。

B　仰るところ大体分かったような気がします。要するに裁判の報告書を読んで、人を裁くということに粛然としたものを感じた、と仰るのですね。

A　そうです。そう理解してもらって結構です。この辺でちょっと休憩しましょう。

A　さて、その後のことですね。相変わらず大したことはないんですが。あの司法研究を読んだ頃は、大分、熱っぽく法律家を願望したのですがね。何分にも少年でしょう、遊ぶ友達も沢山いましてね、頭の片隅には常にあの言葉のやり取りがあったのですが、そのために勉強しようとか、成績を上げる努力をしたということはありません。対象は大人の学問ですから。

B　本格的に勉強し始めたのはいつ頃からですか。

A　やはり受験資格のつく直前頃からでしたかね。これは国の試験に合格しなければならないものですから勉強しましたよ。遊びというものには一切関心を寄せませんでしたよ。

B　そうすると性格の偏った、若いのに老人みたいな人間が出来上がりませんか。

A　多分にその傾向はありますね。だから今もって碁、将棋、マージャン、スキー、花見、山登り、観劇など全く興味はありません。

B　アルバイトはなさいましたか。

A　これは一切やっていません。試験に合格してきた者の中には、いろんな人がいましたね。昼間は警視庁のお巡りさん、郵便局の配達員、都職員でゴミ集めの人、そうして夜学で勉強したのですね。中には半年工場で働いてやめ、失業保険で勉強ばかりし、金が無くなると、また工場で半年働いて、を繰り返し勉強したとか、人間、志さえあれば何にでもなれる世の中です。私は申し訳ない話ですが、大きなお寺の一室を借りて、全く静かな環境で勉強したこともありました。これは父が元気で私達を養ってくれたからだと感謝しています。

B　いつ、検事になろうと考えるようになったのですか。

A　いよいよ本陣に迫ってきましたね。人は性格によって職業を選ぶとか、あるいは職業が人を作る等とも言いますが、私は法曹になる資格を得た時から、検事志望になっていました。

B　なぜですか。

A　判事（裁判官）は学者なんですよ。私はどう考えても学者には向いていませんね。学者になるほど勉強が好きではありません。

B　弁護士になるお気持ちはなかったのですか。

A　無かったですね。私は弁護士さんのように初対面の人に対してにこやかに応対したり、気持ちよくスラリと報酬を受け取れるかどうか、自信がなかったのです。それで弁護士志望は頭にありませんでした。

B　弁護士さんの分はよく分かりましたが、裁判官との岐路は、本当はどんなところにあるんですか。どうも勉強の好き嫌いで任官しなかったようには思えないのですが。だって検事も刑事裁判官も仕事の内容は変わりないように思えるんです。

A　そうなんです。白紙の状態で物事に臨むところは全く同じなんですが、実情を見ていると、何か裁判官は検事に押され気味のような、受け身で仕事をしているふうに私は感じるのです。

B　見ていて、そんな感じなのですか。

A　それは受け取り方の問題だから、それはそれでいいでしょう。大体判事さんはおとなしい紳士が多いですよね。私は法廷で見る判事、殊に両陪席のように、おとなしく静かに長い時間座っているのは大変苦痛だと思うのですよ。もちろん陪席裁判官も質問もするし発言もする。しかし、それがいちいち裁判長の許可を取ってでしょう。ただ検事のように、調べた結果、不起訴相当だ、と言っているのに「これは黒だ」と言って反対意見の上司と言い争ったり、それでも我《が》を通そうとする上司に対して「それでは貴方がやってくださいよ」と言って記録を突っ返してくるようなことはしないでしょう。職務自体検事の方が激しいのです。裁判官は上司に対してそのような態度は取らないでしょう。そういう点私には合わないと思いますし、もしそういう中に入れば「場違者」と見られるでしょう。

B　検事と裁判官の選択に当たって違うのはそれだけでしょうか。
A　いや、それだけではないと思いますよ。これは私見だから、つい言いたい放題になってしまうが。
B　いいですよ、それは。何ですか。
A　検事は、生の人間から生の事実を知ることができるんですよ。
B　それは判事だって同じじゃないですか。
A　違う。裁判官は一段高い所から被告人を見下ろし、すでに自白や証拠によって出来上がった事実を見る。そこに「生の人間と、生の事件」に対する、時間的ずれ、隙間があるんだね。
B　そんなものですかねえ。
A　解剖一つ見てごらん。検事は解剖台に横たわっている血だらけ、ぐしゃぐしゃになった犯罪死体を直接見るんだよ。その死体の形相、体中の創傷、そういうものを自分の目でしっかり見るんだよ。今まで自分と同じように喋り、喜びも悲しみも表すことのできた人間が、口も利けない物体に変わり果てて目の前に居るんだよ。その本人の気持ち、怒り、悲しみ、苦しさを検事は直接感じ取るのだよ。そこから犯人に対する憤《いきどお》りが湧いてくるんだよ。分業とはいえ判事は、それを写真で見るだけでしょう。間接的ではないか。真の怒りは検事の方が強いんだよ。だから求刑も判決の言い渡し刑より高いんだよ。

B　とすると、判事はすでに出来上がったところを見ることになるんですね。

A　そうだね。というと悪いが、よく言われているように、裁判官は目の前に出された膳の上の料理が、旨いか不味いかの味試しをしているようなものだね。

B　必要なんですか、そんな職業が。

A　一面だけ見てはいけないよ。最も必要な職業だと思うよ。裁判官は事件の惨劇の場や血の海の中に倒れ込んでいる被害者の死体や、それを見て泣き崩れる妻子の姿や、解剖する医師の姿さえ見ていない。しかし、関係者の供述調書や証言や図面などによって判断する。そこが大切なんだ。生々しい事件から離れた所からそれを見、そして冷静に聞く。その客観的立場これが必要と思うのだ。

同情や余計の事が一切入らない客観的な判断ができるからだ。これが偏頗《へんぱ》のない、公正な判断を生み出す所以《ゆえん》なんだね。

検事は積極的に物事を打開し、前進して真実と思われるものを掴む。判事は検事の掴んだものを、全くの第三者の目で見て、冷静に判断する。それでいいんじゃないかね。
B　よく分かりました。長い時間、有難うございました。私もいずれにするか、よく考えてみます。
A　それがいいね。御苦労様。今日の話の中からでも、何か切っ掛けが掴めればいいよね。

夏の終わり

夏の終わり、休暇を取り終えた事務官達が次々と顔を出した。中に才気煥発《かんぱつ》だが、やや奇行癖のある話し上手の三十近い事務官がいた。ニコニコしながら入ってきて、やっと憧れの東京へ行ってきた、と報告した。
「それはよかった。何か土産話はあるのか」と言うと、当然ですよというような顔をして
「少しくらいなら」と言った。
「それはいい、聞かせてもらおう。三時頃からでいいだろう。手の空いている職員も呼ん

でおくから、やってくれ」と言って、彼の旅行話を聞くことにした。

この事務官は日頃から、一度でいいから東京の銀座という所へ行ってみたい、を口癖にしていたから、一体銀座の何処へ何をしに行ったのかを聞いてみたかった。

なにしろ国の片隅から真ん真ん中の東京へ出て行く、おのぼりさんだから大変だ。まず旅の衣を調えた。肌が少し焦げ茶なので薄いグレーのスーツに薄茶のサングラス、白いパナマに白い靴を着用すると、一応紳士に見えたと本人は言った。そして生まれて初めて乗った飛行機の快適さと、スチュワーデスの接待の良さを語り、名残惜しいくらいの短時間で東京に着いてしまったので、まだ明るいからと時間を潰し、街に明かりが灯りはじめた頃、銀座という所へ足を入れた。そして本人にもそれがキャバレーかバーか区別はつかなかったようだが、ビルのエレベーターに乗って薄暗い店に入ったそうだ。ちょうどその頃、南の方の国から何かの使節団の一行が来日した、というようなことが報ぜられたが、勿論彼はそんなことを知らなかった。

まだ、時間が早かったのか店内は閑散としていて、隅の方に固まり喋っている数人のホステスに向かって、人当たりよく片手をあげてニッコリ笑いながら、スーッと奥のソファーに腰かけた。そのスマートな身のこなしにホステス達は、これはきっと今度南の方の国からやってきた、使節団の中の貴公子か金持ちの御曹司が、御忍びでやってきたものと誤解か早合点したらしく、ナンバーワンと思えるような女性を彼の所へ差し向けてよこした。

いそいそと寄ってきた彼女は丁寧な言葉で「どちらから御出でございますか」と聞いた。その途端彼は、俺を日本人と思っていない、と直感した。「日本人客にホステスが改めて、どちらから御出でだなどと聞く筈はない。俺の顔の色から言ったのだな。折角、彼女が外国の人と思ってくれているのなら、その夢を破ってはいけない」と律儀にも日本語が分からないというふうに装い、店内を見回してちょっと唇をとがらせて首を傾けてみせた。

すると彼女は、右の人指し指で東西南北の方を指し、綺麗な目を見開いてどちらの方向から来たのか、というふうに親し気に確かめようとした。しかし彼はこの店の中で方向など全く分からないのでおおよその見当で、南の方らしい方角を指さし、たどたどしい日本語で、

「アチラから」と言ったという。たしかに彼の勤務地は、その店からは遙かに離れていて南に当たる。しかも海峡を越えた所に在るのだから「アチラから」と言ったことに嘘はない。聞いてナンバーワンはニッコリ笑って席を立ち、固唾をのむようにしてこちらを見ていたホステス達に何かささやくと、彼女らは急に活気づき、ナンバーワンより若い二人のホステスがおしぼりを持って席に着き、

「大変でございますねえ、今日は御忍びでございますか」とか、

「こちらは、お国にくらべて幾らか涼しいでしょうか」等と話しかけられたが、こちらは日本語を使用禁止にしてしまったので全く不自由で、首を横に振ったり頷いたりして、もっぱら首で外交を果たしてきたが、あんな苦労をしてまで、金を払うことはもうないだろうと言った。


外交面はそれでよかったが、店の方は大変のようだった。

テッキリ南の国の高貴なお方と信じてしまったらしく、頼みもしないのに運んでくる、今まで見たことのない洋酒のびんや、名も知らぬツマミや、そのままカブリ付きたいようなフルーツが並べられたが、あまり飲んだり食べたりするとその態度からお里が知れるような気がして、洋酒はグラスにちょっと口をつけ、ツマミもほんの少し摘み、フルーツなどには全く手をつけず、二時間ほどいて出てきたが、外の風に当たった瞬間、しみじみと空腹感を覚えたとのことである。

代金は思ったほど高くなかったので、接待してくれたそれぞれのホステスには、ちゃんとチップを渡したので喜び、彼女らは帰る時店の前に出てきて、手を振って別れを惜しんでいた、とのことであった。

「貴公子は店を出てから歩きだったのか」という質問が出た。

「いいや、そんなケチな真似はしない。トーキョウ、トーキョウといってハンドルを廻す格好したらすぐタクシーを呼んでくれたさ」とアッサリ答え、

「大使館あたりの公用車のお迎えでなくて不思議に思わなかったのかね」と心配性が聞くと、

た。

「御忍びのようだと頭から思い込んでいたようだから、その点大丈夫だったよ」と答え
「大分散財したね。金がよく間に合ったね」と言うと、

「今度のボーナスは全部はたいてしまい、ここの駅に着いた時には十円玉が二、三個あったきりです」と、清々と答えたので、

「じゃあ帰りは飛行機じゃなかったんだな」の問いには、

「そんな余裕は全くなく、在来線を乗り継いでやっと帰ってきたが、列車ではほとんど寝ていない」と答え、これで大任を終わった、というようにニッコリ笑った。


彼は年内に挙げる結婚式を射程内に置き、残り少ない独身生活を悔いのないよう、思いっきり豪遊して、後はゼロから健全な家庭を築き上げようと考えていたらしい。

地方の小さな検察庁の、夏の終わりを告げる笑いばなしだった。

お屋敷慕情

「宿舎はここに決まりました」と転勤予定先の庶務から、建物の略図を同封した速達が届いた。見ると、身に余る広い大きなお屋敷で、しかも家賃がビックリするほど安い。世の中にこんなうまい話があっていいものかと驚きながらも嬉しくなって、直ちに了承した旨の返事を出した。

発令になって現地へ行き、その宿舎を見た。なるほど豪勢な構えのお屋敷で、たしかに大きかったが、それにしても古かった。速達には「築何年」というような、不動産屋さんのような親切なことは書いていなかったが、素人でも「ここに人間が住めるかな」というくらいの古さはあった。

荷解きをしてくれている庶務の職員に、大分古いようだがいつ頃出来た家か聞いたところ、「ハッキリは分かりませんが、明治の半ば頃の建物だと聞いています」と言った。それでも気にかかるので「安全かね」と言うと「前任の検事さんの御一家は無事出て行かれました」と、まるで崩壊したトンネルから奇跡的に這い出したようなことを言った。

明治時代の半ば頃建てた家だとすると、築後八十年くらい経つ木造だ。家具も所定の位置に置いてもらい、必要品も全部ダンボールから取り出してしまったので、今になって「こんな古い宿舎は嫌だ」とは言えない。仕方なく、夫婦と幼児合わせて三人が、広い海原に浮き輪にでも座ったようで、落ち着かない気がしていた。

そこへ安着祝いに、といって勤務先が手配した旅館兼料理店から届けられた酒と会席膳を囲んだとき、生まれて初めて感じた大きな地震がきた。直ぐラジオをつけたら震度五というこの地方では初めての大きさのものだと言っていた。

これもその後聞いたことだが、ここは数年前から群発地震が発生しており、余震は連日のようにやってきていたそうだが、地震についての情報は全く伝えてこなかった。人の嫌がる事は書いて寄こさないのが庶務係の務めなのかもしれない。

それで初めて分かった。末輩の検事がこの広壮な家に住み、先輩の検事達がその周りのこぢんまりした宿舎に入っているわけが。皆このお屋敷への入居を辞退したため末席に回ってきたのだ。倒壊を恐れたのだ。

さすがにこのお屋敷は「震度五」に対しても、ギシリ、ギシリと太い梁《はり》や柱が鷹揚《おうよう》に横に揺れただけで、土台がガッシリと広く大きく四つん這いになっているからか、慌てて外へ飛び出すようなことをしないでも大丈夫、という安らぎを与えてくれた。

正面には大小二つの門があった。大門は灰色がかった幅広い観音開きで左右の扉には縦にひびが入っており、両側に立つ太い柱の根元は腐食しているので「正月と貴賓客が来る時以外開け閉めしない方がよい」と注意され、日常はその脇の小さい潜り戸を出入りすればよ安全だ、と教えられた。

大きな家に住んで「開かずの門」が意外と近くにあることを知り、また当主が「御用聞き」のように小腰をかがめて朝夕潜り戸を出入りするものだ、ということも知った。

屋内は無用の部屋がやたらと多かった。「公用の間」なんてものがあっても、末席の者の家へ集って会議など開催するわけがない、と思ったら会計係は偉い。その分ちゃんと家賃から差し引いてあった。その他「控えの間」、「馬丁の間」、「女中の間」等あったが全部無用の長物だった。さすがに「月見の間」とか「宴の間」などというものはなかった。それはそうだろう、無粋な商売の者達が住む屋敷だったからだ。

電気と水道は引いてあったが、都市ガスはなく、プロパンガスに頼らざるを得なかった。目盛りがついていなかったので、中のガスの残量が分からず、業者がきて交換する度に、中に少し残っているんじゃないかと心配したが、こういう「せこい」人間はやはりこんなお屋敷には向かないのだ、と自覚した。

隙間だらけの家は、石油ストーブだけでは足りず、炬燵も併用したがよく風邪を引き、近所の医者に来診願ったところ、方向音痴らしく、診終わってカバンを手にして立ち上がると、必ず四方を眺めまわし、毎回、「さて、どっちの方から出たらいいのかな」と呟くくらい、曲がりに曲がらないと玄関に出られなかった作りの家だった。

ゆるやかな勾配の細く長く続く廊下の先に風呂場があった。風呂場を占拠しているのは五右衛門風呂で、ガスが来ないから薪で焚くより方法がなく、都会で育った家人は馴れないため、火をつけてから居間に戻り、しばらくして見に行ってみると火は消えていて、沸かすのに時間がかかりすぎ、時には待ちくたびれて「今日は入浴は止めよう」という日もあった。

余震が続き、古い建物が並ぶ方の官舎は補強することになった。屋内、屋外に白い新しい厚い板を×印に打ちつけるなどして地震に備えてくれたが、工事に来たお兄さん達が幼い娘に「お嬢ちゃん、あげよう」と言って長押から出てきた天保銭をくれたりした。この家に初め頃住んだ人は、まだ天保銭を使っていたのだ、古い家なんだと、改めて感じた。古いので、なめくじ、ムカデ、やもりは住み心地がいいのか、売り物にしてもいいくらい壁や柱に貼りついていたが、ただコウモリという生き物だけは、勝手に長い廊下に入り込んできて、気味悪いから追うと右や左に飛び廻り、まるで牛若丸を追う弁慶に似たようで、汗が流れて、これの出没には迷惑閉口した。

ただ人間とは不思議なもので、こんなに古くて生活にも不自由をきたす家なのに、「住めば都」のたとえのように、環境に慣れるのか、家の広さもこのくらいあって当たり前という気になり、かえってこの一画に、倒壊を恐れて住む同僚達が、よくまあ「マッチ箱みたいなあんな小さな家で犇《ひし》めき合って満足しているものだ」と思うようになり、大きいことは人間をゆったりさせるうえにもいいことだ、と思う気持ちになってきた。人生にはたとえ短期間でも、こういう心豊かな大名か御大尽になったような気分になれることは、何物にも代えがたい宝である、と思った頃に他庁への転勤命令が出た。

この家とは二年数か月の縁であった。

この家を去る日、朝、この地へやって来てから二度目の「震度五」の揺れがきた。行路の安全を祈ってくれたのかもしれない。

小物ゆえ、安かろう悪かろうの不満たらたらの気持ちで大半を過ごし、折角のお屋敷を、十分に使いこなせなかったことを、出る頃になって悔やんでも間に合わなかったが、やがてきっとこの家の良さを感じ取り、快く住んでくれる大物の現れることを期待し、家族それぞれがいろいろな思い出を胸に別れを告げてきた。

夏の終わりを告げる道端の、水気のない雑草が、強い日に照らされながら名残惜し気に見送ってくれた。

死と対面

いつのことであったか、六十歳代の女性が、「夫婦を刺し殺して、キャッシュカード等を奪った者が、強盗殺人などの罪に問われた事件の裁判員裁判の裁判員を務めた」が、証拠調べで遺体のカラー画像が目の前のモニターに表示されるなどしたため、それが頭から離れないことなどによって急性ストレス障害と診断された、という新聞記事を読んだ（後日、この記事が、平成二十五年四月十八日付朝日新聞と確認）。

人は、親族なり身近な人の死と対面することはあっても、医師や看護師や葬儀屋さんでないかぎり滅多に人の死体に近づくことはない。

そして身近な人の死は恐怖よりも愛着の気持ちを持ち、別れの淋しさをもって静かにその顔を撫でたり、手を擦ってやるのだろう。病死とか老衰による人の死はそれでよい。これは自然死といわれるものだからである。顔も穏やかだし仏に近い顔になっているからかもしれない。ところが殺人とか自動車による死亡事故などによる犯罪死の場合は異なる。まず形相、身体各所への傷など、それは実際、死体解剖の立会によく出掛ける者にも負担を感じさせるものだ。

この女性裁判員の見た画像が、どのくらい詳細なもので、死体の状態がどれ程示されたものであったかも分からないが、解剖なり犯罪死体を初めて見た人ならば具合が悪くなっても当然だと思う。

その年の元旦は朝から暴風雨で、傘をさした人は一歩も前に進めないような激しさであった。しかし、夜明けに当直から電話があり「昨夜零時三十分頃轢き逃げ死亡事故があり、元旦のため大学の法医教室は使用できないので、今日だけ臨時に所轄署の駐車場の一角を解剖室用に造作しておくから、午前十時までに立ち会ってほしい。車は八時三十分に官舎に差し向ける」と連絡を受けていたので屠蘇《とそ》や雑煮は後回しだ、と覚悟していたら指定の時間に迎えの車が来た。

運転手の隣に最近転勤してきた若い事務官が乗っていて、解剖立会の補助をするのに必要な画板や筆記用具を持っていた。今まで口を利いたこともない者で、こんな若いのを連れて行って大丈夫かな、とは思ったが、当直主任も承知して寄越したのだろうからいいだろう、と自分に言い聞かせながらも「今迄に解剖立会の経験はあるのか」と尋ねると、初めてだという。「当直は何人もいるのに、なぜ君が来たのか」と聞くと、実は自分は当直ではなかったが、下宿で一人暮らしのため、家庭を持っている先輩から大晦日だから交代してくれと頼まれたのだという。「解剖の立会は希望したのか」と聞くと、そうだと答え、今まで辺鄙《へんぴ》な所の小さな検察庁にいて解剖などに立ち会う機会がなかったから、せめて検察庁に勤めている以上、解剖ぐらい見たことがあると言わないと話にならないからだという。

殊勝なことをいう青年だなと思い「そうか」と軽く言って、それ以上の言葉のやり取りはなかった。

相変わらず凄まじい風と雨の中を、車は仮設の解剖場に着いた。臨時の造作とはいえ肝心の物が濡れたり飛ばされたりしたら大変だから目張りもしっかりしてあって、さすがに警察は金持ちだな、と思いつつ急いで車から解剖室の入口に着き、ちょっとやそっとの押《お》し方《かた》では開かないくらいしっかり取り付けてある扉を開けて室内に入った。その途端室内に充満していた線香の煙と臭いが全身を覆い、風雨が解剖室に吹き込んだ。急いで扉を閉めるように命じ解剖台へ向かったが、特にその時事務官の表情を見た記憶はない。早く死体の状態を見たいと心が急《せ》いていたのだろう。

死体は背後から車道上に突き倒されたうえ、大型車の太い大きな車輪で轢かれて数十メートル引き摺《ず》られたため、顔、体全体が崩れていて甚だしい損傷であった。


死体の撮影が終わり、出張してきた法医学教授の執刀で死体にメスが入り、血液が解剖台に溢れ出した。すると線香の煙の臭いと死体から流れ出た血の臭いが混じった一種独特な臭いが鼻をついた。いつ、何回嗅いでも平気でいられない臭いだ。

大丈夫かな、あいつは、と思いつつも目と神経は法医のメスの動きに当てていた。その瞬間、滝や冷水を浴びた荒行の経験はないが、ザーと頭から背中からズボンの裾まで水が襲いかかり、水浸しになった。瞬間、あの事務官は、と思い、反射的に扉の方を見ると扉は半開きの状態で、そこから風と雨が暴れ込んできており、扉のノブを掴んでいる白い手のみがあった。

あの事務官、気を失って仰向けになりつつも、とにかくバッタリ卒倒する不名誉を避けた点は健気《けなげ》であった、と思う。

言いたいことは、検察庁の職員でも死体に接すれば、平常心でいられなくなる、ということである。

司法修習生も修習の一環として死体解剖を見学させる。どんな気分か知らないが大半の者は静かに見ている。ただ中には解剖医が死体にメスを入れた途端、青い顔になってよろけるようにして外へ出て行ってしまう者もあり、どうしたのか、と見に行くと外で深呼吸したりしている。また、検事志望だと元気よく検察修習に来ても「検事になると、こういうものも見なければならないのか」と言って検事志望を撤回する者もいる。

しっかり死因を見届け犯人を裁判にかけて処分してもらわなければ、死者は浮かばれない。

犯罪死体と直接対面するのは検事であり、写真等で見るのは裁判官や裁判員であるが、先達としては可能なかぎり後輩や初心者に対し、時には具体例を話し、支障なければ既決の別事件の死体や殺人現場の写真を見せるなりして免疫にしておくことだろう。

あの時の若い事務官に対しても、短い時間の車中で、今日の仕事は平常のものとは全く違うんだよ、と話し心の準備をさせておくべきであったと、女性裁判員の記事で思い出した。

「最高裁も殺人などの重大事件で遺体の写真を示す必要がある場合には、裁判員選任手続の段階で説明して、不安を訴える候補者には辞退を認めうる旨を全国の地裁に通知したという（注）」

（注）裁判の非情と人情　原田國男（岩波新書）

加齢と報奨金

お茶を飲み終わり、そろそろ仕事を始めようか、と思い立ったところ、先輩が入ってきた。何の用か分からなかったが椅子を勧め、正面に向かい合うと、いきなり背広の内ポケットから手札形くらいの上半身の写った一枚の写真を取り出し、黙ってテーブルの上に、こちらへ向けて載せた。そして黙ったままこちらを見ている。

写っているのは細面の目の大きい、鼻筋の通った、見るからに利口そうな好青年だった。

見合用に何処からか預かってきたのだなと思い、写真の片隅を摘《つ》まんで近寄せてみると、本当に育ちのいいような、穏やかな青年だ。

「いい青年ですねえ。綺麗なおとなしそうな、全く秀才のような息子さんですね」と感じたままを口にして褒めた。すると相手は満足したように、

「そう思いますか」と言うので、

「思いますよ。このくらいの美青年はあまり見たことはありませんね」と言うと相手は、

「本当ですか」といやにしつこい。

「本当ですよ」と言うと、相手は、やっぱりそう思うだろうというような、自信を込めた笑みを浮かべ、

「見る人が誰でもそう言ってくれるんですよ。それ僕ですよ。僕の若い頃の写真ですよ」

と言われたが、何か、からかわれているような、もうちょっと突っ込んでいえば、狐につままれたような感じになった。それですぐには「そうなんですか」という言葉が出なかった。

還暦を過ぎた人に向かって「これ、何歳ぐらいの時のものですか」と聞くのも失礼のようだし、また失望させてもいけないと思ったものの、ただ人は、どのくらいの年数が経つとこんなに変わるものなのか知りたい、という衝動を押さえきれず、「青春の真っ盛りの頃のようで、いい写真ですなあ。二十五、六歳に見えますね」と話を持っていった。すると相手は事も無げに、
「そう、二十歳代半ばの頃のものですな」と言った。今、目の前にいるこの人は、顔は大きく厚く、おそろしい目つきの、鬼でも座った途端、向こうから自白したくなるような人に出来上がっているのだが、最近誰に唆《そそのか》されたのか、この優しい若い頃の写真を持ち回って見せているようだ。決して見合用の他人様の物ではなかった。

年賀状などに「すでに紅顔は消え、白髪が目に見えるようになった」等と、いい所ばか

り強調したものがくるが、目尻のしわや頬の凹みなど仔細に見れば昔の面影など残り少ない筈で、人間、半世紀も経てば変わるのが当たり前で、もし昔のままの顔形でいれば妖怪と言われるかもしれない。

「今も御立派だが、お若い時も素晴らしく良かったのですね」と言うと満足このうえなし、というように笑った。これでまた一人、昔の自分を認めてくれた人間が増えたと安心したようだ。


そのため引っ張り出してきたわけではないが、最近見た新聞記事（平成二十八年十一月一日付朝日新聞）の要旨だ。それは殺人や現住建造物等放火などで指名手配されている男の、逮捕につながる有力な情報を、一年以内に提供してくれた人には、三百万円の報酬金を出す、というのが警察庁の指定のようである。

事件の発生は一九七一年ということから指名手配されているこの男は、現在六十七歳ということになる。事件から四十五年経過している。

報奨金を決めたのは警察庁だろうが、事件の管轄は警視庁と思われる。そこで、知りたい。捜査のプロである警察が四十五年かかっても検挙できなかったものが、たった一年の期間で一般人が有力情報を掴めるものなのだろうか。

この男は現在、どんな容貌をしているのであろうか。何を頼りにこの男に近づけばよいのか。情報が欲しいと言いながら、新聞記事によるかぎり男の特徴は何も記されていない。これだけでは道で擦れ違っても気づかない人がほとんどであろう。

先程の先輩と同様、この男の場合もかなり変貌しているのではなかろうか。

当たり前のことだが、四十五年経つと生まれたばかりの赤児が四十五歳になっている勘定で、よくぞこれまで捕まらなかったものだと感心する反面、この男は「死刑相当事件の時効廃止」になる前から逮捕されなかったのであろうから、その間少なくとも、当時の公訴時効十五年が二回は巡ってきた筈なのに、今なお捜査の対象となっている理由も分からない。つまり国外に逃亡していたのなら、当時の状況。共犯者が公訴提起されているなら、男の時効進行停止中の動静。たとえば仲間への差し入れ、接見の有無、潜伏先らしい方角等。どうせ公開捜査なのだから、もっと詳細な情報提供が欲しい。

先日、途中からテレビのスイッチを入れたので、どこの放映かも分からず、また実際あったことか、創作ものかも分からないが、五人殺しの犯人の容貌に不審を感じたことから逮捕に至ったまでの物語で見ていて大変参考になった。十一歳の少女が指名手配されている年配の男の人相写真を見て、それが友人の男の子の姓名と一字違うということだけで、朝夕、学校の行き帰りに交番前か、何処かの掲示を何回か見ているうち、この人は、いつかどこかで見たような顔だと感じたが、ただ手配書には、鼻の脇にホクロがある、というのに写真には無く、胸か腹にあるという傷は写真では見えない。この子の話を警察が知り、この子の父親が警察の説得で渋々手配男に近づき親しくなり、男を露天風呂に誘って入り、湯気の向こうに裸の刑事二人が入浴していて、傷を確認し検挙した、という筋書きであったように記憶している。そして、そのテレビを見て注目した一つは、外貌の形成は素人にもできるということで、この犯人はホクロは自分で削り落としたとのことであり、もう一つは、十一歳の児童の供述でも信頼できる、ということであった。

現在、我が国には未検挙の悪質重大事件が多い。報奨金制度によってどのくらい検挙できたか、それは事件発生からどのくらいの期間経過によって解決しているのか等の例を知りたい。

なお、参考までに記しておくが、最近になって特に気づいたことは、「子は加齢とともに一層親に似る」ということである。特に人相の研究をしているわけではないが、親の写真や血のつながりのある者の写真を入手して、丹念に目つき、耳の形、唇の開き方を研究し、または知人から親の喋り方などを聞き知るのも一策である。特に訛《なま》りが混じる話し方などを知ることも重要である。以前、幼児誘拐殺人事件で長い間検挙できないものがあった。ところが、ある刑務所に服役中の者が当時有名な女性歌手の歌を鼻歌交じりで歌う癖があり、その特徴を捉え記してあった手配書により捕まった例があった。

ちょっとした細かい癖でも心にゆるみがきた時、解放気分になった時、知らず知らずに出るものだから、細心の注意で協力者に動いてもらうよう、犯人の特徴等も十分に知らせておいてもらいたいものだ。

災害時の窃盗を考える

災害のため自宅をそのままにして一家が避難していた留守中、空き巣に入られて金品を盗まれた、という人が、

「犯人を死刑にしてください」と訴えていた。最近のことである。しかしお気の毒ながら、その要望には応えられないのだ。

金品を盗んだだけでは死刑にはならないからで、これは我が国の刑法がその二三五条で「他人の財物を窃取した者は、窃盗の罪とし、十年以下の懲役又は五十万円以下の罰金に処する」と定めていて、盗みを犯した者を死刑にする、とはしていないからである。どんなに貴重な物であっても、高価な物であっても、または何億円、何兆円というような高額な現金でも、盗んだだけでは死刑にはならないのである。

それでは昔からの有名な盗人《ぬすっと》はどうだろうか。知っている範囲では一人だけ死刑になった者がある。それは安土桃山時代の大盗賊といわれた石川五右衛門だが、伝えられるところによると、時の権力者太閤秀吉の寝所に侵入した途端、殿居（宿直）の者に発見されて

捕らえられ、京都三条河原で釜煎《かまいり》（釜茹）に処せられたという。これはまさに死刑だが、これには太閤というような大物の所へ侵入すれば、こういうことになるぞ、という世間に対する見せしめがあったのかもしれない。

次に江戸中期に柿木金助《かきのききんすけ》という盗人が、大凧に身を結びつけて天高く舞い上がり、名古屋城の金の鯱のうろこを剥いだというが、これが死刑になったということは聞いていない。そして三番目は大正末年から昭和の初期にかけて、旧東京市内及びその周辺に神出鬼没し、八十数件の窃盗や強盗等を犯し、侵入に気づいて飛び起きた家の者には穏やかに声をかけ「静かにしてください。騒ぐと危険です」とか「犬を飼いなさい。犬がいる家は泥棒が入りにくい」と言ったり「家の中が明るく、外側が暗い家は入りやすい。だから外を明るく、内部は暗くしておきなさい」等と防犯についてまで教えたといういわゆる説教強盗(注)は、死刑にならず無期懲役に処せられ、昭和二十二年に仮釈放となって出所した。

ことほどさように刑罰というものは、国家の存立を危うくしたり、社会を混乱に陥れたり、人身に危害を加えるもの以外は、さして重くないものである。

では、なぜ冒頭の空巣の被害者が「犯人を死刑にしてほしい」というような、今の世の中では到底考えられないことを口にしたか、というと、そう訴えたくなるような背景事情があったからである。

長年、営々として仕事に励み、ようやくにして築いた財産を一瞬にして天災により潰され流され、神も仏もない世の中だと悲嘆にくれ、残骸となった我が家の跡に戻ってみれば、金目の物はいっさいがっさい盗まれていて全く途方にくれ、明日から生きてゆく意志も希望もすべて無くなった時は、人は犯人を憎しみ、釜茹でにでも、火炙りにでも、してやりたい気持ちになるのだろう。

被害者の嘆きと憎しみは、当人になってみなければ分からない。

災害時の泥棒は、形はいわゆる火事場泥棒であるが、普通の火事ドロのように、どさくさにまぎれて、路上に運び出してある風呂敷包みを盗んで逃げたとか、篭に入った野菜類を持ち逃げするような程度のものではない。その家の者全員の一生を台無しにしてしまうところに違いがある。

一地域が全滅となり、取り残されてヘリコプターで吊り上げられたり、ゴムボートのへ、、りに掴まって辛うじて一命を取り留めた人達をあざ笑うかのように尻目に見て、選《よ》り取り見取り濡れ手に粟の大収穫に、ほくそ笑みながら立ち去って行く盗人の姿は、想像するだけで人間とは思えない。

　こういう、人間の皮を被った悪魔、人非人に対する刑罰が、スリや万引きやサイ銭泥棒と同じ十年以下の懲役又は五十万円以下の罰金であっていいのか。この点を考えるべきだろう。

　たしかに法律は、出来た時からすでに時代遅れになる。おそらく刑法が制定された頃は、こんな悪魔は想定できなかったのだろう、しかし人間は悪徳のものはどこまでも落ちていくものである。だから法律もこれに見合うように改正していく必要があろう。

　前述した説教強盗がなかなか捕らず、世間が恐怖に陥った時、国は「盗犯等ノ防止及処分ニ関スル法律」略して盗犯防止法を緊急立法して強盗と窃盗の刑を引き上げた。また仄聞ではあるが、かつての戦時中、空襲警報や警戒警報が発令され、住民が自宅を空けて退避した際、その留守を狙って家屋に侵入し、盗みを働いたものに対し「戦時特別刑法」というような一般の刑法の窃盗罪より重い刑を制定したそうだが、時宜を得た措置であったと思う。

（注）説教強盗に関しての緊急立法は、とくに窃盗等につき正当防衛の要件を拡張・緩和するとともに常習的盗犯者に対して刑を加重しており（特別刑法　大塚仁（有斐閣））、また捜査に対しては、朝日新聞社が、説教強盗を捕らえた者（警官と否とを問わず）に金一千円の懸賞金を懸けるという社告を出した（昭和歳時記　吉村昭（文春文庫））。

刃物持つ人

無精して長髪になりかかったので、サッパリさせようと床屋さんに行った。初めて行った店だ。

平日だったためか店は空いていて、すぐ椅子に案内され、腰かけると同時に手練れた職人がハサミを持ってやってきて、パチパチと、行儀悪く伸び放題の毛を刈り取ってくれた。

順調に進み顔を剃ってもらう段になった。椅子とともに仰向けになり、泡立ちのよい物を顔に塗りたくってもらって、シャリシャリと切れ味よくカミソリの刃が進んだ。

そしてちょうどその刃が下顎の辺りに差しかかった時、ふと変な気がした。

それは、もしこの職人の手が順序から逸《そ》れて、この勢いのまま喉仏付近に突っ込めば、頸動脈が切れて大出血を起こし救急車で運ばれても、それで落命だな、と思った。

危惧の念というものは、放っておくといくらでも進行するものだ。

相手は、この出来て間もない床屋さんの従業員だし、住所も名前も知らない人だ。そしてこちらも一見の客だから、相手もこちらの氏素姓を知らない。

そう考え始めると、何処の誰か知らない者同士が、一方は安い値段で危険な仕事を引き受け、他方もまた安い値段で安易に生命を預ける、保険も特に付けない。こんな危ない話がほかにあるだろうか。これを穏便に繋ぐのが信用という目に見えないものだけなんだなあと、くだらないことを思っているうちに調髪は綺麗に仕上がり、何か頭も軽くなったような気になって店を出てきた。

帰宅の道すがら考えた。法律を専門とする職に就いて長いが、床屋さんがカミソリで客を傷つけた、というような事件は扱ったことがない。また同時に、調理師をはじめ刃物を使うことを職業としている人の、自分の使っている刃物で起こした殺傷事件を、扱ったこともないことに気がついた。

なぜだろうか。やはりそれは、常日頃刃物を用いて生計を立てている以上その仕事に対する誇りと、その仕事を成り立たせてくれている用具に、感謝と愛情を感じ、多分に神聖視しているから、どんなに感情が高ぶっても、仕事の道具を不法、不浄なことには使わないという抑制心があるのだろう。それは鉄道員が鉄路で自殺しないのと同様、自分の天職を血で汚すことを避けるのと同じ心理であろう。

少し回り道をしたが、再び床屋さんの話に戻ろう。

むかし聞いた外国の話だ。一人の判事が通りがかりの床屋に初めて入った。年老いた店主が髪を整え、首筋のうぶ毛まで丁寧に剃ってくれた後、パチンとカミソリの刃を閉じ、「判事さん」と静かに話しかけた。

判事は初対面なのに自分の職業を知っている相手を驚きの目で見ると、店主は微笑みながら「私は先日、判事さんから死刑を言い渡された男の兄です」と言った。判事はビックリして店主の顔を見詰め、これで俺もおしまいだと観念していると、店主は「あの判決は、実に立派な正しいものでした。長い間大変お手数をかけてしまったようですが、有り難うございました」と言って深々と頭を下げた、という古い話を思い出した。

見上げた精神の床屋さんだ。

我が国の床屋さんの先祖は士族であった、と聞く。この店主の先祖も外国流に言えば騎士（ナイト）だったのかもしれない。実に清々《すがすが》しい。

味覚の値段

一日の公判修習を終え、帰り支度をしていた修習生に対し四十前後の優しい感じの裁判官が、

「今日、これから何か予定がありますか」と静かに声をかけた。午後五時ちょっと過ぎだった。修習生は腹も空いていたので、これは何か奢ってくれるんだと思いこみ、その言葉に飛びつくように、

「何も予定はありません。ずーっと空いています」と答えると、裁判官は微笑みながら、

「そう、ちょうどよかった。じゃあ一緒に行きましょう」と言ったが、その言い方がちょっと奢りとは違うなと直感し、このまま行先も聞かないで付いて行くのもどうかと思い、

「判事さん、どこへ行くんですか」と尋ねると、

「駅前のデパートですよ」と軽く言った。デパートの食堂ではせいぜいお子様ランチくらいじゃないかと気になった。そこで念のため、

「デパートに行くって、何かあるんですか」と聞くと、

「うん、婦人物売場でちょっとハンドバッグを見たいもので」と答えた。合点がいかないので、

「それ以外に何か」と、探るようなような気持ちで聞くと、

「それだけですよ」と当たり前の顔をして答えた。


これには修習生は呆れた。空腹の時間帯なのに、わざわざ遠回りしてデパートに連れて行き、差し当たり修習生には必要のない物を見せようとする裁判官の気持ちを計りかね、「判事さん、私は今のところ婦人物に用はないので、お断りします。今日はこれで失礼します」といって、カバンを手にして立ち上がりかけた時、いつも温顔の裁判官が急に厳しい表情をした。


何か文句を言いたいんだなと思い、相手の顔に目をやると、

「貴方は、人を調べ、物を調べそして真実を究明する法律家になるために、現在修習しているんでしょう。街を歩き商店街を見て回り、現在この品物は世間でどのくらいの値段で売り買いされているのか、ということぐらい分からないと、財産犯の事件もキチッと判断できませんよ。どんな物でも普段からよく見ておいて、それなりの知識を身につけていな

ければ、いい法律家にはなれませんよ」と説教され、仕方なく裁判官の後につき、帰りとは反対方面の切符まで買って、デパートの中を早く見終わってほしいと祈るような気持ちで、付いて回った。

結局、一時間近くボーっと付いて回っただけで、お茶にも飯にもならず、ただひと言「ご苦労さんでした」で別れた。

混み合う電車の中で、今日は「仏滅」かなと思いながら、空腹をかかえて帰った。

長い時間待たされた法廷だった。予定の開廷時刻はとっくに過ぎていた。ひんぱんに廷吏さんが恐縮したように控室にやってきて「もう少しお待ちください」をくり返した。

この日はもう一件、この法廷で公判を済ませてから、ほかの法廷で公判があることを、その開廷時刻とともに予め廷吏さんに告げてあったため、心配して告げにきてくれていたのである。

我慢にも程があると思い、普段は審理中の他人の事件の法廷には入らないようにしていたが、今日はこのままでは時間が無くなって困ると思い、弁護人にも裁判官にもまだ後が詰まっているんです。急いでください、と知らせる意味で、あえて法廷に入って行ったもののの、静かに隅の方の傍聴席に着いた。

そして目をあげて弁護人の方を見ると、立って何事か喋っていた。よく見るとその人は元検事で、以前一、二回集団事件の審理で同じ法廷に共同で立ち会ったことのある、かなり年長の人だった。

耳を澄ますと、カレーライスの無銭飲食の弁護で、被告人が無銭飲食をしてきたカレーの値段を、被告人ではなく、弁護人が「被害者側の提出した、被害金額が高すぎて不当だ」と言っているのである。

被告人に異議がないのなら、カレーの値段くらい、ちょっとやそっと違ったたって、大したことじゃないだろうに。この人も年を取ったなあと思ったが、真剣に争っているので、この人にも歴とした言い分があるんだろうと静かに聞いた。以下は弁護人の主張だ。

「被告人から接見の際聞いたところでは、今まで数えきれないくらいカレーの無銭飲食をしてきているので、その旨い不味いはよく分かっているが、今度のはひどい味でとても千二百円もするなんて物ではなかったという。そこでルーの味だとか具の善し悪しや、飯の質など聞いてみたが、食べ物の味だけは聞いただけでは分からない。それで捕まってから、捜査官にあれは高すぎる、と何故言わなかったのかと聞くと、どうせ相手は無銭の常習者の言うことなど当てにできないと言うだろうし、それに文無しで入ったのだから、御馳走になれれば、少しぐらい代金のサバを読まれたって関係ないと思って、つべこべ言わなかったのだ、と言うので、他は知らず我が国の裁判は「大体のところ」とか「そのくらいだろう」なんて曖昧なことでは済まない。これが正しいと認めたところを判断するのだ、と被告人に言ってやり、その接見を終えてから、かなり遠方で時間もかかったがこのカレーの店に行き、被告人が食べたというカレーと同じ物を注文して味見してみたが、たしかに被告人の話したとおりのとんだ代物で、被害届は高い値をつけていたのだ」と、いうことだった。

これに対しては、裁判官も検事も一言も発しなかった。それは当然のことで、彼らはそのカレーの中味も見ていないし、味わってもいないからで、もし裁判官が味見もしないいま被害届の金額どおりの判決をすれば、あの弁護士は審理不尽だとして上訴の申立てを考えるかもしれない。

ただこの人の弁護活動をみて検事は、修習生だった遠い昔を思い出した。法律家は物を知らなければいけない、と言ってデパートへ連れて行き、婦人物の指導してくれた裁判官のことだった。「百聞は一見に如かず」ということをよく心に刻んでおけ、という訓は分かったが、いまこの弁護人が堂々とカレーを論じているのは、おそらくこの人を指導した人は、口で言うだけでなく、折に触れてはいろいろなカレーを御馳走してくれたことが、現在に至って役に立っているのだろう。「味覚は体験から生ずる」か。

言葉遣い

育ちが悪いと思ったことはないが、言葉遣いが良くないな、とは思っていた。一族というほどのものではないが、血のつながる者の中にぞんざいな言葉を使う者はいないし、影響を与えるような友達もいなかった。

だから発生原因は不明である。でも、とにかく子供の頃も、小学校へ通うようになってからも、誰からも「言葉遣いが悪い」と指摘されたりしたことはなく、どこへ行っても通用していた。あるいは相手が調子を合わせていてくれたのかもしれない。

私立の中学を受けに行った。親の見栄だったんだろう。見回したところ親も息子も上品で、きれいな言葉で話し合っているのを見て、場違いな所へ来ちゃったな、と母親を恨んだ。

試験開始前、校庭で地方から来たという受験生と二言三言、言葉を交わした。すると突然、相手はびっくりしたような顔をして「君は東京の人なのに、言葉が悪いねえ」と、年少だから思ったままを遠慮なく言ったのだろう。言われて、そうか、お前は田舎者だから東京の言葉なんか分かりっこねえんだ、くらいに思って別れ、試験場に入った。口頭試問もあったような気がする。

数日後、発表があり、地方から来たあの受験生は合格していた。自分が落ちたのは学校側が要らない人間だから断ったのだろうくらいに思い、口頭試問の言葉遣いのことなど一切気にしなかった。

その後の長い年月、格別、言葉遣いについて人から注意されたり批判されたりすることもなく成長し、検事になった。

昭和三十年代のことだが、現金二百円を貸してやったが、相手が言を左右にして返さないので、日本刀で背中を真っ二つに斬って殺した烈しい気性の被疑者を取調中、相手が急に顔を近寄せ一段と声を落として「検事さんのお身内にアッシ達のような」と言って言葉を切った。「なんだい、何を言いたいんだよ」と言うと、やっと「者はいないんでしょうね」と言ったので「いないね。何でそんなことを聞くんだ」と言うと、「いや、検事さんの話し方がですね、滑るように威勢よく、べらんめえ調だから」と言った。喋り方から身内に自分と似たような者がいるのかと思い、親しみを覚えたのかもしれない。

午前中のヤクザの親分の公判が終わり、閉廷となって裁判官は出て行った。書類をまとめて引き揚げようとしたら弁護人が書記官に向かって「先刻の被告人供述の中で、ちょっと聞き落とした所があるので、すまないが、テープを巻き戻して聞かせてくれないか」と要求し、書記官が承知すると検事にも一緒に聞いてくれと言うので了解し、書記官の近くへ行った。

傍聴人が全くいない静かな法廷に、テープの声が流れ出した。耳を傾けると低い張りのある声が聞こえてきた。「これ、誰の声」と言うと弁護人が「検事さんの声ですよ。いい声でしょう」と言った。たしかに自分の耳で直接聞くより良い声に聞こえた。そこへ事務官が迎えに来たので午後の公判の件につき言葉を交わしていると、何かテープの声が佳境に差しかかっているらしく、ゆったりとした静かな声と、それを打ち破るような荒々しいべらんめえ口調が聞こえた。一層静かに耳を澄まして聞いていると、荒々しくべらんめえ調の声の方は、なんと検事の尋問事項と同じじゃないか、おかしいなと思って、なおよく聞いていると、静かに話しているのは親分のようだ。これで分かったが念のため、弁護人に「この低い静かな声は」と尋ねると「それは親分さんの声ですよ」と笑って答えた。

弁護人は時々、他の事件で聞くこの検事の口調を聞き慣れているから、何とも思わなかったようだが、今日の裁判官は新顔なので、検事と親分が席を間違えたのかもしれないと思うような言葉の行き来があった。

判決は親分に執行猶予を付けた。検事に比べて、あまりにも紳士的な親分の応答が心証を良くしたのかもしれない。

　しかし、検事は、その後も言葉遣いを改めなかった。長年重宝していたものを、急に手放すわけにはいかないからだ。

白菫の章

旧《ふる》き盟友《とも》に贈る

バスや路面電車に乗り、たまたま町中《まちなか》の信号で停車した際、何気なく窓外に目をやるといかめしい、しょうしゃな近代的な一戸建ての建物がある。交番だ。お巡りさんいるかな、と思って覗くように中を見ると案の定人影はなく、主人は不在だ。

交番だから金目の物があるわけがなくドロボーは入るまいが、もし入って運悪く見つかれば、お巡りさんは自分たちの留守を棚に上げて、建造物侵入だなどと言って検挙するかもしれない。こういう検挙は芳しくなく、市民の反感を買う。

主人公不在の交番への侵入などという些細な問題はおくとして、きれいな建物だけ造っておいてロクに使わないのはもったいない。一体何のために造ったのだろう。中へ入ったことはないが、ガス、水道、電気はひいてあるのだろうし、寝室もあるに相違ない。以前、関係者に、なぜ空き家の交番が多いのか尋ねたところ、その人は声をひそめて「人が足りないのです」と言った。人が応募してこないのは困るな、とその時は同情したが、後日、それはその人の言い訳か、見聞の範囲が狭いのではないか、と思うに至った。

それは、駅前の人の往来が多い所や、町のにぎやかな場所の交番には、必要と思われる以上の人数の警察官がいる。みな若くて体力もありそうな、頼もしげな人が笑って話し合っている。

こういう場所で抗争する暴力団はなかろうし、チンピラが暴れる筈もない。あっても老人が車内に忘れ物をしてきたという届けか、行く先を書いてもらって来たが、地図が見つからないので行き方を教えてほしいくらいのお願い事で、これは定年退職したOBの警察官一名で足りる。OBも仕事ができて喜ぶ。

その代わり、こういう所の余剰警察官を、夜は人影もまばらで、昼でも薄暗いような辺鄙な場所にある空き家の交番に異動させるとよい。そういう、人の好まない場所へ行かせるのだから、寒冷地手当に似た僻地手当とでもいうようなものを設けて、若い警察官を赴任させるのが効果的だ。

赴任には複数の警察官を配置して住まわせ、昼夜交代で執務させれば付近に出没していた痴漢も、追剥ぎも駆逐できる筈だ。ストーカーに追われ、あるいは怪しい数人組に後をつけられ、ようやく「駆け込み寺」を見つけたつもりで、助けを求めに交番へ飛び込めば誰も居ない、では、市民の評判の良くなるはずがない。昼夜充実した市民保護が警察への協力心を生むのだと思う。聞き込み等にも力を貸してくれるようになるだろう。

余計なことだが、本署の鉄筋建ての庁舎の前に、六尺棒を持った若い警察官が立ち番しているが、まさか警察に強盗のため押し入ってくる者はないだろうから不要だろう。ヤクザの親分の家なら玄関前に一人くらい三下を用心棒で置くかもしれないが、警察署の入口に用心棒はいらないだろう。こういう用心棒は空き家の交番へ優先的に入居させるがよい。

半世紀ほど前、各地で公安事件といわれるようなものが起きていた。いつどこで、何が発生するかもしれないような時代だったが、その頃転勤した先の官舎がおかしな造りだった。直前まで若い事務官が三人住んでいたらしい。国道近くの木造二階建てで、階下に台所、風呂場、板張りの応接間と和室の一部屋、上は和室二部屋で、和室は言い合わせたように全部六畳間だった。本庁から電車とバスを乗り継いで二時間余であったが、これをみて、戦国時代に本城を中心に放射型に、寺に似せた出城を構えたように、この官舎を万一の場合の、見張り連絡の場所として設置したようだ。警察も交番を、このように活用するのも一石二鳥だろう。

新米の頃、大きな選挙違反事件を捜査中の地検へ転勤した。地名も人名も全然分らないので留守用として通常の勤務をしていたが、違反が供応から現金買収に発展拡大したと聞き、捜査の端緒に興味を持った。これはきっと県警本部所属の腕利きの捜査員が端緒を得たのだなと思い、捜査に従事中の検事に尋ねたところ、こういう種類の事件の端緒は、大抵町や村の交番か駐在所のお巡りさんが掴んでくるものだよ、と教えてくれた。

現に、今やっているこの選挙違反も、ある日の午後三時頃、一人の初老の巡査がすることもなく交番の中からボンヤリ外を眺めていた時、この町の、顔見知りのおじさんがベロベロに酔って自宅の方へ向かっていた。巡査は思った。このおじさんは働き者だが家族が多くて生活も苦しい。だから昼間から仕事を休むゆとりなどなく、まして昼間から酒など飲めるわけがない。しかしこの歩き方では危なくて途中怪我でもしたら可哀想だから家まで送り届けてやろう、と親切心から外に出ておじさんに肩を貸し、一緒に自宅まで保護して行って一歩玄間を入ったところ、直ぐ見える所に、この地区から立候補している人の大きなポスターが貼ってあるのを見た。翌朝、無事送り届けてもらった御礼を言いにきたおじさんから、あのポスターの候補者の支持者の招待で、飲めや歌えやの大盤振舞いを受けた情況をつぶさに聞いた巡査からの報告で、捜査した結果、飲食だけでなく、現金まで多くばらまかれた買収事犯にまで発展し、多くの人が一網打尽となったものだと、話してくれた。

毎日立ち寄る農家の日当たりの良い縁側でお婆さんとお茶を飲み雑談していた駐在所のお巡りさんが、見慣れぬ初老の男女が、地域のお寺を宗旨など問わずに回り、住職に御初穂を渡して、この地から立候補している人の当選祈願をしている、と聞きつけ、本部へ報告して買収事犯として検挙した。

警察のみならず各組織の上司は、とかく自分の周辺の者の意見にはよく耳を傾ける。もちろんそれはそれで結構だ。しかしそれと同時に、遠い第一線で苦労している交番や駐在所の警察官を随時招き寄せ、受け持ち区域の現状報告を兼ねて会食し、士気を高揚させる必要がある。本部長の顔を見たのは拝命式以来初めてだ、などということでは意思の疎通を欠き、いざというとき団結力が発揮できない。部下の意見は親しみを持って聞いてやることだ。

人材と設備の活用についてはこの辺りで止め、次は警察の作略《さりゃく》についてみてみよう。

昔は、「あれはお宮入りかねえ」という言葉を耳にしたことがあるが、今日ではそんな言葉は死語になったのか聞かない。この場合のお宮は正式には迷宮といって、一旦中に入ると迷路が続き容易に外に出ることが難しい所で、事件がなかなか目鼻が立たないと、こういう陰口をたたかれたものだ。じゃあそんな言葉がない今は良い時代なんだな、など思うのは大間違いで、今は長期の重要未解決事件が沢山有りすぎて、昔のようにのんびり、「お宮入り」なんて言っていられなくなった。世間の注目を集めた何人殺しとか、拳銃で射ち殺された等という、特異重大な事件は長期の犯人不明が多く、これではおそらく迷宮の方でも整理に困り、「満杯につき札止め」にしてしまったのかもしれない。そのため「お宮入り」という言葉も無くなったのだろうか。

だが、これほど警察にとって不名誉なことはない。

追い撃ちをかけるようで気の毒だが、最近電車の中などで「あの事件の犯人、まだ捕まらないのかね。随分経つぜ。近くに防犯カメラは無かったのかよ。弱ったもんだねえ」これまた警察の無力を表している言葉である。カメラの目より劣るのは情けない。

しかし警察が、どんな言い訳をしようとも犯罪捜査の第一次的責任が司法警察にあることは否定しようもないことなので、もっと身近なところから衆知を集め研究することをすすめる。

考えてみると、今の警察は法律によって、自由を束縛されていて、一つの区域に閉じ込められている感じだ。

そもそも警察法三十六条というような規定が、都道府県警察は自分の区域で任務を果たせ、といい、ただ例外的に、協力してやれ（他の都道府県警察と、ということだろう）と同法五十九条ではいっているが、協力しなくても別に制裁など無いようだし、あまり期待はできない。

そうなると思っただけでも、犯罪が広域化している昨今、犯人の検挙はますます難しい。自分の所だけ良ければ他は勝手にやるだろう、というような利己的な法律を仰せのとおりと受け入れておいて、安泰な国家が出来ると考えているのだろうか。

大きな川を境に二つの県の警察があった。一方の県の管轄内にある駐車場で駐車中の自動車の中から預金通帳と印鑑を盗み出した泥棒が、盗むと直ぐに川を越え、他方の県の警察管内の郵便局に飛んで行き現金の引き出しをした。一方は窃盗、他方は私文書偽造、同行使、詐欺で、ここまではいいが、揉めたのはそこから先で、こんなちっぽけの事件なのに管轄が別々だと騒ぎ出し、川を間に事件を取り合い、長い間調整のつかない例があった。こんな小さな事件でも警察は点数を上げたいのか。いい年齢《とし》をした大人が事件の取り合いを演ずる。

そんな具合だと、もっと重大な事件が、いくつかの都道府県にまたがって巻き起こったら、それこそ運動会の綱引き競技のように警察同士の引っ張り合いになってしまうかもしれない。

かつて我が国の警察は、鉄道とともに正確さを誇っていたが、いまやその面影は残っていない。このまま放置しておけば世界一の犯罪長期未検挙国となるかもしれない。

そのような惨めな国にしないためには、いつまでも無為無策であっていいわけがない。警察法は今のままでよいのか、改正すべき箇所はないのか。知るかぎり、警察には識者が多くいる筈だ。彼らの知恵を総動員させることだ。

警察権は国家の権力であるから、時に、都道府県警察の管轄などというこだわりから截然たる態度をとらなければ仕事にならない。だから必要とあらば、全国何処へでも出掛けて捜査活動をなしうる、という明文を堂々と法律に盛り込むように努力すべきだし、また、そういうための機動性に即応できる警察官を大量養成し、これら人材を世界有数の、捜査に卓越した国々へ派遣留学させて、語学を鍛え、捜査実務を体得させ、第一線の捜査方法を習得させて帰国後は、これを大いに活動させること等も考えるべきだろう。

音痴二人

「おッ、もう帰るの。ほかに用がないなら悪いけど、俺と一緒に行ってくれないかなあ」

「何処へよ」

「この間、ついて行ってもらった駅だよ。すまないんだけど」

「何だい。何か忘れ物でもしてきたのかい」

「そうじゃなんいだけど。あの駅えらく混んでいて、ＪＲ降りてから私鉄の切符売場までの通路が、よく頭に入っていないんだ」と言うのは、やや年輩の知人の弁護士である。

これから私鉄沿線にある警察の留置場にいる被疑者に接見に行くのだという。

この人の乗り換えたい駅は、こちらの通勤途上の駅だから、いいよと承知してついて行ってやり、切符を買って乗って行くのを見送ってからＪＲに戻って帰宅した。


同じ所に勤務したことはないがお互い検事出身であり、同じ弁護士会に所属していて仲も良く同じグループで話も合う。

翌日会うと昨日の礼を言われたが、帰りが随分遅くなったようなことを言った。理由は、警察から駅までの道がどうしてもハッキリせず、付近の店も大部分は閉まっていて、駅への道を聞くのに苦労したと言っていた。身長が高く歩幅も広く、歩くのは速い筈だが、本人が迷って時間がかかったと言うなら仕方がないなと聞いていた。

ある日、夕方からグループで地下のレストランで一杯やろうという話が出て、彼も出席するると言ったが、その前に、以前行ったことのある女子専用の被疑者収容所に「直ぐ戻るから」と言って接見に出掛けて行った。刻々と飲み会の開始時間が近づくのに彼の姿が見えない。近くにいた同僚に、あの人は何人の被疑者に会いに行ったのか聞くと、一人だと言い、あの人は元パイロットだったというから行動は早い筈だし、途中で何か別の用ができたんじゃないか、と言うので、あれで本当に飛行機乗りだったのかな、と思っていたところへ戻ってきたので、予約のレストランへ行き隣同士の席についた。

聞いて知ってはいたが、何人と会ってきたのかと聞くと、やはり一人だったという。「聞くことがいっぱいあったのかい」と言うと「いや、接見は十二、三分だった。何回も行っているので、事件は単純だし大して話もなかったが、来てくれ来てくれと言うから行ってやったのさ」と言いながら泰然としてグラスを傾けている。根は優しい人なのだ。

「それにしちゃあちょっと時間がかかり過ぎたね」と言うと、

「そうなんだ。接見の時間は短かかったんだが収容所の位置が悪くて、何回行っても分かりにくくてね、着くまでに同じ道を何回も歩いちゃったよ。後から知ったんだが、ＪＲの駅降りてすぐの所だったんだ。普通なら五分とかからない所だったね」で、話を終わらせそうだったので聞いた。

「先生はむかし、パイロットだったという噂を聞いたが、本当ですか」と言うと、ちょっと胸を張って、「そうだよ」と言った。

「それにしては、ちょっと道を覚えませんね」と言うと、

「当たり前じゃないですか、空には道路なんか無いから、道など覚える必要はないのさ。それに信号も十字路も無いし、建物も木も無いから当たる心配は全く無かったね。それに比べると地上は複雑に混んでいて嫌だね」と言うので、

「方角もよく分からないようだが、間違わずに飛行場には帰ってきたんですね」と念を押すように言うと、

「滑走路だけ、目当てにしていれば、絶対大丈夫だったね」と、空は天国であるように誇らしげに言った。

この先生と話を交わしながら、ちょっと気になることがあった。空には十字路がないか

ら道なんか覚える必要がない、という部分だ。
たしかにこの人の言う通りだ。十字路が幾つもあるために、こちらは始終他人様に、迷惑をかけているんだ。これが道筋一本だけなら確信をもって歩ける筈なのに。

出勤直前、家人からデパートの地下の食品売場からいつも食する品物を買ってきてほしいと頼まれ、快く承諾し、帰宅途中の地下鉄の改札口からそのデパートの入口まではハッキリしていたが、その先が分からない。とにかく迷路のような売り場の中の通路を歩き回り、頼まれた店とは違うな、と感じはしたが、依頼の品と同じ物を売っている店先で、ちょうどお客さんの相手をしていた若い女の店員さんに、家人の指定した店の所在を聞いたところ、気持ちよく教えてくれたので、お礼を言って別れたが、教えられた店が分からず、引き返して先程の店員さんにもう一度確かめようとしたが、今度はその人の店がどこにあったか分からなくなっていた。

接見に行く時間をこちらで指定しておきながら、駅を出たら行き方が分からない。出口を間違えたらしい。人通りがまばらな時間帯で、あたりを見回したら、まだ開店前のデパートの角に両手で筮竹《ぜいちく》を動かしている女の占い師がいて、その机の前にいる女性客の占いをしていた。営業中で申し訳なかったが、急いでいたので背に腹はかえられず、占い師に警察への行き方を尋ねたら、仕事を中断して立って出てきて教えてくれた。あとであの占い、中断の前と後でちぐはぐにならなかったろうな、と気にしたところは良心的である。

警察での接見は、行きは係の警察官が入口まで迎えに来てくれて留置場まで案内してくれるが、接見終了後は一人で出てこなければならない。エレベーターがある署では問題ないが、ない署では曲がりくねった細い通路を階段伝いに降りて、刑事部屋や会計係のカウンター前などを器用に歩けない。見兼ねたのか、そのうち留置場の警官が出口まで先導してくれるようになったので、背後から「俺はこの警察署からは絶対に脱走できないね。同じ所をぐるぐる逃げ回っているうちに必ず捕まっちゃうから、警察は安心だよね」と言うと、振り向いてお愛想笑いはしたものの、早くこの人の担当する留置人が拘置所に移送になってくれれば、こんな余分な仕事をしないで済むのに、と恨みに思っているだろうと思うと、ちょっと気の毒に感じた。

駅から近く、付近にデパートやスーパーも幾つか並んでいて便利だ、と言うのでマンションを買った。その翌日の夕方だった。帰宅の途中酒屋に寄り、一升ビンを求めて肩に担ぎ、大股で店を出た。早く帰って飲みたくて元気よく歩いた。人も車も絶えず行き来している道である。

しかし、行けども行けども見覚えのある自宅の方へ曲がる道が無い。宝物を探すような気持ちで一生懸命探したが、あるべき道がない。このまま進めば海だ。すれ違う人も少なくなってきた。まさか通行中の人に「私の家は何処でしょうか」とは聞けない。仕方なくもと来た道を汗をビッショリかきながら駅まで戻り、恐る恐る駅名を見たら、この駅での下車の正しかったことが分かり、少し自信がわいた。駅前の広場に立ち、ラジオ体操のように首を伸ばしたり爪立ちして、駅前のビルの間を見て確かめているうちに、夕陽が動いたのか、地球が動いたのか、光りを受けている見覚えのある、自宅近くのスーパーの屋上の看板が見えた。あの近くだ、とやっと胸を撫で下ろした。

その時まで、自分を方向音痴だなんて思ったことはなかったが、思い返せば過去に何回も、以前行った所なのに行き方が分からなかったり、何回も出入りしたことのあるデパートの出口が分からなくなったことがあったのに、それを不思議と思わなかったのは、自覚音痴とでもいうものなのだろうか。

どうひいきめにみても、元パイロットよりもこちらの方が重症のような気がする。

めぐる四月一日

二か月に一回、誕生会を催す庁があった。前の月の一日生まれから次の月の最終日生まれまで、二か月分の職員が集って、昼食を共にしながら雑談したりして、一時間過ごすのである。

検事も事務職員も込みでやり、時の「長」である最高責任者は毎回出席していた。

その時の「長」は単身赴任の、無口で物静かな人で、所用で部屋に入って行った職員の話によると、一人、部屋で仕事も無く新聞や本を読み飽きた時など、スイッチを切ったままの暗いテレビの画面を、じいっと見詰めている、とのことで無駄口は一切きかないし、笑顔なども、ほとんどの職員が見たことはないようだが、「長」と同期の人の話では、「長」は若い頃は弁が立つ愛想のいい秀才であった、ということだが、なぜかこの頃は味もそっけも面白味もない人だった。何か苦い思いを心に秘めた所のある感じがしていた。

ある月の誕生会に四月生まれだから出席するよう求められて、始まる直前に会場となっている会議室に入り、その「長」の真正面の席に座った。その日集ったのは三十人程度だったかもしれない。ところが、どういう風の吹きまわしか、その「長」がこちらの顔を見てニヤニヤしたので、どうしたんだろうこの人は、と思ったとき話しかけてきた。

「君は本当に四月一日生まれかね」と、今まで一度も受けたことのない質問だった。
「それは私には分かりません」と反射的な答えが走ると、一瞬会場は静かになった。
「長」とすれば、そんなひねくれたような返答がくるとは思ってもいなかったらしく多少狼狽し、

「それは、そうだろうけれども」と言って、持って行き場のない「珍しい笑顔」を、どう始末つけようか、という表情をした。

誕生会が終わってから、自分の返答がにべもないもので、相手がまた一段と無口になってしまっては気の毒だな、とは思ったが、どう考えても、これほど真実を述べた言葉はないと思った。

今まで自分でも四月一日生まれと言い、また書類にも四月一日生まれと書いてきたが、これは親や周りから四月一日生まれだと聞いていたからで、生まれた途端に自分でカレンダーを見て四月一日と知ったわけではない。それに四月一日という日は、本人以外には何の意味もない日である。しかし、何時の頃からか四月一日から翌年の三月三十一日までを会計年度としたものだから、人事異動などもこれに倣うようになったのだろう。それなのになぜ、小学校入学については、入学の年が四月一日以前と二日以降に区切ったのだろうか。

人は簡単に「四月一日か」と言うが、言われる方の子供にとっては複雑なことがある。なにしろ前の年の四月の二日に生まれた子供と翌年の四月一日に生まれた子とはまる一年の違いがある。知力、体力、飲食も一年違う。それが同一学年で就学する制度となっているから、学力にも差が出るから損だ、という人もあれば、いや四月一日の早生まれの方がいい。二日以降に生まれた子より一年早く入学できて一年早く卒業できる。それに飛び級でもすれば一層早く社会に出られて得だという親もあり、四月一日をめぐっては人それぞれの持つ関心が異なる。学業や出世など考えると、人間小粒になる。いつ生まれても丈夫で大きくなればそれでよい。

あの誕生会の時の「長」の退官の日がきた。忙しくて、あの人のことや四月一日生まれのことなどスッカリ忘れていたが「本日、退官します」と挨拶に来たので、何気なく「今日が誕生日だったのですか」と言うと、相手も然る者ニッコリ笑って「戸籍上は今日が誕生日のようでして」と揚げ足をとられないように、用心深く答えた。

見送りながら、あの人は、四月一日という日の何に関心があったのかな、と思い、また特に理由はないが、なんとなく時間潰しに話し相手が欲しくなり、好敵手として選ばれたのかな、と思いつつ、その孤影が消えるまで立ち尽くした。

スキーとコーヒー

事件の参考人として来庁願うには遠すぎて雪も多く、高齢でもあり気の毒なので、こちらからその人の住居地を管轄する区検察庁に出向き、話を聴くことにした。

用件は予定したよりも短時間で済んだので、少し職員と話していこうと思い応接室と言われている部屋に行った。いわゆる僻地で人口も少なく事件も少ないため、三人庁として五十歳近い課長と二十五、六歳の事務官二人の構成だが、この日は課長と一人の事務官の姿しかなかった。

「どうしたい、もう一人は」と聞くと、ストーブの近くへ寄ってきた課長が、

「何か胃の調子が変なので、二、三日休ませてほしいと昨夜遅く電話がありました」と話している間にも、出勤してきている方はお茶を注いだりお茶請けを皿に載せたりしてこまねずみのように動いていた。

「君は元気なのかい、一人で大変だね。悪い風邪が流行っているようだから気をつけな」

と声をかけると、有り難うございます、大丈夫ですとは言ったが、何かそれ以上に話したいことがあるような様子だった。

しばらくして課長が時計を見ながら、これから銀行だか市役所へ行くと言って出掛けて行ったあと、残った二人はストーブに手をかざしながらいろいろ話したが、そのうち話は自然と今日休暇を取っている方の事務官に移っていった。

「初めて同じ職場で勤めるようになったんだよな。うまくいってるかい」ということから始まり、胃の話になった。

「彼は何時から具合が悪くなったんだい」と聞くと、昨日からで、帰る時までは何ともなかったのだという。

「閉庁後、二人で書類などを整頓し、ロッカーに仕舞ったりしていた頃は別に変わったことはなかったんですが」と続けた。

「胃だよな。胃の調子が変だ、という連絡があったということだったな」と言うと、彼はそうなんですと答えながら、目をちらちらとロッカーの方へやった。その跡を追って見たが、そこには壁を背に立っているロッカーとそれより背の低いサイドボードが並んでいるだけだった。

　若い二人はいずれも独身で同じ下宿だと聞いていたので、

「昨日の朝は同じ物食べてきたんだろう」と聞くと、そうだと答え、昼食は役所へ出入りの弁当屋が配達してきた物を課長も入れて三人が同じ物を食べた、と言う。

「そうなると、どこかでの飲み食いかな、原因は」と言うと彼は慌てて手を振り、勤務中二人とも職場を離れるようなことはしていないと断言し、実はと言って語り出した。

「課長も帰り二人の片付け仕事が終わった時、どちらからともなくコーヒーでも飲んで帰ろうや、と言い出し、あのサイドボードのコーヒーを飲んだんです」と恐縮気味に言ったので、

「いいじゃないか、コーヒーぐらい飲んだって。だけどコーヒーにあたった、というような話はあまり聞かないな」と笑いながら言うと、相手は急に態度を変え、緊張した面持ちになって、

「話はまだ、その後があるんです」と、大型のインスタントコーヒーのびんの横に並んで立っている、小さな粉ミルクのびんを指さして、

「あれが、いけなかったんです」と暗い顔をして言った。

「なんだ、古かったのか。乳製品だから、賞味期限は見たんだろうに」と聞くと、

「いつも飲んでいて大丈夫なものだから、特に確かめるようなことはしなかったんです」

と言った。だが何か、そのとき不審な気がしたので聴いた。

「君もその時、一緒に飲んだんだろう。君は何ともなかったのか」と言うと、

「いや、ミルクの蓋は私が開けたんですが、その途端プーンと異《い》な臭いがしたんで、私は
コーヒーに入れなかったんです」と言うので、

「彼は」と聞くと、

「それがですね、平気でサジで何杯も掬《すく》って、コーヒーとかきまぜて飲んだんですよ」と
言った。「変な臭いがすると、言ってやらなかったのか」の問いには、

「あれだけ強く臭ったので、私が言わなくても当然本人も気づいているものと思い、特に
言わなかったのです」と答えた。

「彼は一杯飲んだだけか」と言うと「私はミルク無しを一杯飲んだだけですが、彼はもと
もとコーヒーが好きですから二、三杯は飲んだかもしれません」と言った。

「鼻でも悪いのかね」に対しては、

「そういうことは聞いていませんが、よく鼻をグズグズ鳴らしていたようです」で、二人の会話は終わった。少し親切味が足りないなと思ったが、部下相手に深入りはしなかった。

北国にも春がやってきた。以前から僻地勤務は大抵単身赴任で、何かと不自由なので、勤務期間は二年とし、満了後は本人の希望する地に必ず戻すことにしてあったから、あの三人庁の課長は満期となって本庁に戻り、挨拶に現れたので、ソファーをすすめて、二年間の苦労話を聞いた際、後一年残る二人の事務官の話も出た。

あの二人は同年齢で、同じ年度の採用で二人とも素直で仕事もよく出来たので、課長も楽であったそうだ。以前から利用している下宿に二人を住まわせたが、課長が下宿の主人から聞いたところでは、仲も良く下宿人としても上の部類だということであった。一人は、、、、、、、、、コーヒーがメシより好きというスキーの名手だが、片方は全然スポーツをやらない男だから、時々名手の方がスキーをやるように勧め、そのうち三、四人スキー仲間を連れてきて、ある日無理矢理連れ出し、近くのスキー場で滑らせたらしい、と知った。そこで課長はある時、連れ出された方から、楽しかったかとその時の話を聞いたという。胃に異常をきたさなかった方からだ。

それによると、半ば強制的にスキー道具を押しつけられ、近くの、スキーヤーで賑わうスキー場に連れて行かれた。山頂でリフトを降りて眺めると一面の銀世界で、はるか下に、豆粒のような小さな青や赤の屋根を見て、こんな所へ来なければよかった、と立ち竦んだ時、いきなり後ろから力まかせに背中を突き飛ばされたため、後ろを向いて誰がやったかを見る間もなく、ストックだけは握っていても突き方も分からず、体をひねったような中途半端な格好で滑り出し、滑るにつれて速力が増し、止め方も全く分からないから、下の方にいる人の群れに突っ込んだら大変なので、喉から血が出るような叫び声で「どいてくれー、どいてくれー」と泣き叫ぶようにして滑り続け、やっと下の雪溜まりに突っ込んで転倒し、どうにか止まったが、全く死ぬような思いだった。ただ、他のスキー客に衝突などしなくてよかった、と話した、とのことだった。

しかし、この話にはまだ続きがあった。ここまでは、災難と思えばいいやくらいに思っていた彼を怒らせたのは、帰りのバスの中での出来事だった。スキーの名手に対し、

「俺は全く滑れないからと、あれだけ断ったのに」と言うと、スキー仲間という男が横から口を出し、

「昔は海の男を養成する学校では、生まれてから海など一度も見たこともない生徒でも、沖合に停めた船の甲板から海中に突き落とし、バチャバチャやって溺れかかると浮き輪を投げて救助し、それを繰り返して鍛えたそうだ。そういう訓練をすれば短期間で泳げるようになるんだよ。スキーの上達方法だって同じなんだよ」ともっともらしいことを言ったので「俺はそんな特訓を受ける必要なんかないんだ」と言い返したが、この時彼は、同僚のスキー仲間の男が何処の誰か分からなかったが、こんな生意気な奴を連れてきて、俺をあんな高い所まで連れ出し、死にそうな目に遭わせた同僚のスキーの名手に対し、無性に腹が立ってしょうがなかった、と言ったそうだが、課長は「まあ、まあ」と制し「そろそろお茶にするか」と言って話を終えたそうだ。

あれから四十年近く経つ。たまにコーヒーの香りをかぐと、あの体の小さい痩せた誠実そうな課長を思い出す。

課長はあの二人の部下がスキーに行ったのは、「名手が胃を病んだ二、三日前のこと

だった」と、何の不審も感じなかったように言った。今考えると、やはり上に立つ者は些細なことにめくじら立てて大騒ぎせず、四海波静かに同じ屋根の下で共に働く若者の将来を思い、他言は無用と心に決めたのであろう。優れた賢い人物は、国の果てにもいるものだ、と改めて思った。

名簿に思う

「母校から、同窓会名簿を発行するので返信用のハガキを送るから、登録内容を確認して希望の項目を書いて寄こしてくれ、と言ってきたんだが、書かれている内容にちょっとピンとこないところがあるんでね、見てくれないか」と、古くからの友人が言うので、そんなもの人に相談するまでもなく、自分で見て考えて書けばいいじゃないか、と思ったものの、改めてそんなことを言うところをみると、何か腑に落ちないことがあるのかな、と手渡された名簿発行のお知らせ、というのを見た。

なるほどこの箇所だな、と見当がついたのでよく見ると、

『ご本人の希望により、氏名以外の項目（住所、電話番号等）は不掲載にすることも可能です』とある。

「名前だけでも、いいってことだな」と言うと、そうなんだと不愉快そうに言った。

「これじゃあ、うまくないってことか」と聞くと、

「これで名簿の用が足りると思うか」と、いつもの大雑把なこの男にしては珍しく神経質なことを言うな、と思ったが、

「発行する方が、これでいいと言っているんだから、これでいいんじゃないか」と言ってやると、

「俺の考えているところとちょっと違うな。この発行のお知らせについて、俺の言いたいことはだね、高い金を払わせて名簿を買わせるだけ買わせて、その後の面倒見がよくないね。人の名前だけ書かせて何になるんだよ。買った者の身になってみろよ。これじゃあ、こいつは未だ生きているんだ、ということだけ分かっても、電話も掛けられないし、手紙も出せないね、相手の居所が分からないんだから。一体、こんな名簿、何の意義があるんだろう」と珍しく益々突っ込んで繊細なことを言い出したので、これはもう少し真剣味を

示して対応しないと、いけないかなと思い、
「そうだなあ、年を取って孤独な生活をしている人なんかは、電話でもして健康状態や現在の境遇を話し合いたいかも知れないしな。そうだ、そういうこともできないな。この頃はどこの学校も、こんな形式の名簿を作って発行しているのかな」と言ったが、友人はよそのことは知らない、と言って不機嫌な顔をした。

この世には、まだ生きているよと思わせたいが、住まいや家族の居所まで知らせたくないという人がいる。何かの都合で名字だけの表札、名字の下に「寓《ぐう》」と書いて揚げている人等、いろいろの事情を背負っているのだろう。

こういう人達の立場や気持ちを考えれば、あえてすべてを明るみに出させる必要もないと思うが、今回のように学校側から、昔の学友などに居所など教えなくてもいいよ、という警戒心をそそるような感じの、名簿の発行は、いかがなものかと思う。

二、三年前、遠い雪国で弁護士を開業していた昔からの親友が死んだ。奥さんに先立たれ、二人の娘さんは他郷に嫁いでいて孤独だった。毎月一回程度の手紙のやり取りをして

いたが、そのうち廃業して施設に入り、俳句や和歌を作って送ってくれたりしていたが、二、三か月前から何の音沙汰もなくなったので、高齢だからもしや、と思って施設に電話をした。すると以前も何回か電話で応対したことのある年配の職員が、「先生はかねてからの病状が急変したので、病院に搬送しました」と言うので、入院先の病院の名を尋ねたところ「それは申し上げられません」と断られた。これがいま流行りの、個人情報の保護とかいうものかと思ったが、以前から親友との手紙のやり取りで当方の身元も十分知っている筈なのに、なぜ入院先を教えられないのだろう。こちらは病状など聞いているわけではない。何処の病院にいるのか、を聞きたいだけであったのに、教えてもらえなかった。電話を切り、暫くその理不尽さに腹を立てたが、一体、雪国のどこへ行ったらいいのかも分からず迷っていたところ、二、三日して親友の娘さんから「父が死んだ」という連絡を受けた。

臨終にも立ち会えず、死に顔とも対面できない不本意な、永遠の別れであった。

そのとき痛いほど感じたことは、この国の人は一体、いつからこんな酷薄な人間になったのだろう、ということだった。

そうそう、同窓会名簿の在り方について不満を持っていたらしい友人にはその時感想を述べておいた。

「お前が気に入らなければ、こんな名簿買わなくてもいいんじゃないか。何の役にも立ちそうもないものな」と。

ゴルフと検事

転勤して行った先の庁全体が、何か浮かれたように賑わっている。別に、新しい検事が着任してきたから歓声を挙げている様子でもない。

理由を聞いたら、その庁の長がゴルフで「ホールインワン」とかいうものをしたそうで、その祝いに名入りの手拭いを配っているのだ、という。

大体、ホールインワンなどということ自体分からなかったし、地味で忙しい役所という観念を持っていたから驚いた。ゴルフなどというものは大会社の重役とか名のある政治家が暇の時にやるものだろうくらいに思っていたのに、忙しい検察庁の職員までやっているというのは、どういうことかと思った。

ゴルフというのは、丸い小さな白い球を棒で叩いて、土に掘った小さな穴の中に入れるだけの単純なものとばかり思っていたが、いつの間にかこれが自分の勤める役所にまできていて、何か変わったことをすれば持てはやされるようになっていたとは、この庁へ来て初めて実感した。

仕事が軌道に乗り始めた頃、期の近い先輩がやってきて、「ゴルフというものは、誰かにちょっとうまいと褒められたり、おだてられたりすると、今度はやたらと人に教えたくなるそうだから注意しておけよ」と教えてくれた。到底ゴルフなんてものをするタイプの男とは思わなかったのだろう。しかし、その先輩の予言は当たった。

ある日の午前、ホールインワンの長から電話がきて「急ぎの仕事をやっているのでなければ、ちょっと来てくれないか」と呼ばれた。運悪く手が空いていたので出掛けて行くと、ゴルフをやれ、と言い出した。「青い野原を姿勢よく歩き回ることは一日中座って仕事をしている者にとって健康に良いことだし、また同僚達と一層親しくなれるし、やった方がいい」と良いことだらけを並べたが、元来そういうスポーツだか遊戯だか分からないようなものには一切興味がなかったし、今は本業の習熟に夢中なので、野原を歩いている暇などない、と言ったが、相手はこんな通り一遍の断りにはひるまない。ゴルフは君が考えているほど難しいものではなく、初めは牧童が退屈しのぎに棒切れで小石を叩いて穴に入れて時間潰しをしていたという単純なものだから、君にも十分できるよ、とまるでこちらが複雑なことには向かないと受け取れるようなことまで言って勧誘してくれたが、やりたくないものはやりたくないので頑固な奴だ、と思われることを承知で断った。この人は感情を害したのか以後二度と勧誘してこなかった。

その後、何か所か転勤したが、上にゴルフマニアが居なかったのか、あるいはあのホールインワンの人から「あいつは頑固で絶対やらないよ。説得するだけ時間のムダだ」と聞かされたのか、勧誘されることはなかった。そのため土、日は家庭に居ることができた。

その地検で初めについた立会事務官はキビキビしているが、若くてかなりの慌て者だった。家族の転入手続や子供の転校手続もしてくれたうえ、出入りの商店の電話番号までも一覧表に作っておいてくれた。だからこちらも一目置いている。ところが、まずいことにこの男がこの庁のゴルフ会の代表であった。引っ越ししてきた家具整理の手伝いをしてくれた帰り際に「この庁はゴルフが盛んで、ほとんどの人がやっています。検事も考えておいてください」と言って帰って行った。

いやな予感がしていたが、翌朝登庁したら「ゴルフ店の主人が来る」と言う。慌て者ゆえに、昨日異議をはさまないで話を聞いたのを承諾とみたらしい。引越しで世話をかけているから滅多に断れない。仕方なく彼の言うことに従い、身長や足の大きさをゴルフ店の主人に測ってもらったら、夕方ドライバーと片手袋と、スパイクシューズというのか、見ただけで足のだるくなりそうな重い感じの靴が届き、代金は給料日払いにしてあります、と事務官は自慢気に言い、退庁の際自分の小型車の座席にゴルフ用品を載せて官舎まで運んでくれた。

人間というものは金を払うと未練が残るものらしい。ドライバーと靴と手袋を買ったのだ、これを使わないなんてほうはない。どうしたものかと考え出した頃、勧誘に慣れたあの事務官が「役所の裏を流れる大川の河川敷に、打ちっ放しの練習場があるので、そこの会員になる手続を取った」と告げたので素直に了解した。道具一式、といってもドライバー一本と靴と手袋を役所のロッカーに入れておいたが、不思議なものでそのうち家でもやりたくなってきた。そこでまた一本ドライバーを求め、手袋は鞄に入れたままにして通勤し、官舎の庭で自己流の打法で練習を重ねた。球のついた黄色いひもは土に固定させ、靴は役所に置いてあるので長靴を履き、的は娘の粉ミルクの空き缶で、それを目がけて雨の日以外は早朝から打ちまくった。

この熱中さに家人も刺激されたのか、自分もやりたいと言い出し、こちらは費用の点からも靴は止めにして、ドライバー一本と手袋だけにした。半年くらい続けた頃隣の官舎に住む同僚から「朝早くから元気で結構ですね」と空き缶に球の当たる音で、朝ゆっくり寝ていられないような皮肉を言われ、その頃娘もヨチヨチ歩き出したため、これに球を打ちつけたら大変なことになる、という危険を避けることにしたことに加えて、ゴルフの球を空き缶に打ちつけてばかりいたら、大目玉を食らいそうな事件が発生し、それを担当するように申し渡されたので、折角熱中しかかったゴルフとの縁は切れてしまった。また、ゴルフをやるように仕向けてくれた事務官も立会い職を離れ異動してしまった。

それから長い期間が経過し、夫婦で一本ずつ買ったドライバーは物置の中で錆つき、求めた靴も底に最後に行った河川敷の土砂が付いたまま、しばらくは下駄箱の最下段に置いてあったが、何時の間にか姿が消えた。

その後、何年も経ち数か所かに転勤した。たまたま検事の定員九名という所に配置された。ここは地検ほど忙しくない所だ。古参が多く決まったようにゴルフの話が出て、実際土日にかけて一泊温泉旅行をし、翌朝その方面のゴルフ場に出掛けた。ひと月に一度かふた月に一度のことだったが、もうゴルフをやらなくなった者には関係のないことで、ホテルの送迎用バスから、たった一人下車して駅へ向かう自分を八人の同僚は、どういう目で見送っているのだろうかとも考えたが、四人でやるゴルフが二組できてちょうどいいと思っている者もいるだろうし、第一、単身赴任の生活をしている自分は、これから帰って夜の食事は何にしようか、と考える必要もあった。

ある時期、ちょっとドライバーを手にして振ってみて興味を覚え、自分にもスポーツに趣味が持てるようになったんだと喜んだのに、偶然とはいえ、それを永続できない事情の生じたことは残念で、今でもゴルフがいとおしく、懐かしく、そしてもう年齢からしてやれないと思うとちょっと淋しい気がする。人間とは、随分変わるものである。

筋を通せ

「やめてくださいと何度もお願いしたのですが、全く聞き入れてくれず、狭い調べ室の私の腰かけている直ぐ後ろで、大きなストーブにどんどん石炭を放り込み、ストーブの周りが真っ赤になって、今にも調べ室が火事になるのではないか、と思われるくらい熱いところで取られた調書です。暑くて苦しくて息が出来ないくらいで『こんなに汗が流れているんです』と言っても『それはお前が嘘をついているから、良心の呵責から出る冷や汗だ。

このくらいの暑さは我慢しろ』と言ってますます熱くするので耐えきれず、早く調べ室から出してもらいたくて、こうだろう、ああだろうと言われるままに、有りもしない事実を『そうです。そのとおりです』と頷いて、取られた調書です。中身は全部違うのです。こちらの話はちっとも聞き入れてくれていない調書なのです」と、泣きながら裁判官に訴える頑丈そうな体格の、四十がらみの男性の公判に立ち会った。

それは、転勤してきて引き継ぎ、一か月間に何回も公判が開かれることになっていた事件で、十数人の被告人が全員否認して事実を争っているもので、あまりにも長期間係属しているため、裁判所も立場上急ぐ気持ちがあり、今回の被告人質問も前任の立会検事や弁護人との間で、期日を早目に指定してあったらしい。後任の着任日など頭になかったようだ。

「公判を急ぐいきさつはともかく、公判廷で被告人が「灼熱の責め苦に遭い、心にもない自白をした」と陳述している以上、人権上これを無視するわけにはいかず、その事実の存否を徹底的に明らかにしてからでなければ、この裁判を進めるわけにはいかない、と思った。

ひるがえってこの事件をみると、人数もさして多くない地方検察庁の支部において、一切警察の手を借りないで検事、副検事及び検察事務官だけで、いわゆる独白捜査というものをやるつもりになったのだから、経験のある、見通しのよい腕利きの検事が指揮を執らないと途中で息切れがしてダメになることは火を見るより明らかなのに、それをこの支部はやったのだ。そしてもしこの事件が、あの被告人の申し立てたような無理な調べをしたのであれば、それは並の指揮者とそれを取り巻く同程度の応援検事の共同責任である。

彼らが、当初、これは簡単だと見積立てて着手したものが案に相違し、とても歯が立たないと気づいたとき、そのまま引き返すわけにもいかず、とにかく「自白だけでも取っておけ」ということで、強引に自白を取り裁判にかけたのではないか、と思えた。失敗した、と見られたくなかったのだろう。

そういうことから自白の任意性の有無を明白にするために、第一に指揮を執った支部長検事を筆頭に以下順次、取調べに当たった応援検事及び副検事全員を証人に立てる考えで帰庁した。

そして、この事件の指揮を執った当時の支部長検事に宛て、証人出頭要請の文書を、立会事務官に口授して書かせた。理由は例の事件の被告人等が自白の任意性を争っているので、その真偽を明白にするため、遠路恐縮だが当地の裁判所へ出頭願いたい、として投函させ返答を待った。

数日たった午前電話が鳴った。受話器を取った立会事務官が急に直立不動の姿勢になって、ひどく緊張した面持ちで二言、三言話した後で、出頭要請した元支部長からだと検事に受話器を渡した。この人はいま、遠く離れた高級庁の幹部になっていたのだが、そのことは十分承知の上で本人宛ての証人出頭要請をしたのである。受話器に耳を当てた検事に対し、相手は、いきなり、なんの挨拶もなく、

「君、筋を通せよ。失礼じゃないか」と言った。何の筋か分からないので反問したところ、「君、こんなことぐらい分からないのか。筋だよ、筋。ボクを証人として呼ぶ以上、それなりの手続きというものがあるんだよ。あんな、お願いします来てください、という

ような程度のものでは行かれないんだよ」と言うのでバカバカしいと思ったが、参考に聞いておけと思い、

「えらい面倒なんですね。御自身のしたことの当否が問題になっていても、内部の手続きがうまくなければ、出て行かれないということですか」と言うと、

「何にも分かっていないな。知らなければ教えてやるが、ボクを呼ぶには、いいかい、よく覚えておけよ、それはだな『君が身を置く支部を管轄する本庁の長から、その上級庁の長を経由して、ボクの今いる庁の長に、証人としてボクが出頭することを許可してほしい』というお願いをして、その人からボクに行ってもよろしい、という許可が下りるのが筋なんだ。君からボクに出てきてくれなんていうのは、全く筋の通らないことで話にならないよ」と、出頭拒否の通告をしてきた。話は分かったが、それでも、

「筋というのは分かりましたが、それはそれとして、このままでは来られないということですか」と念を押すと、

「当たり前だよ。それが筋なんだから、行かれない」と断ったので、

「分かりました。それではこちらで検討して、然るべき方法をとりますから」と言って電話を切った。

こちらは任官四、五年目。相手は二十数年経った人のようだが、「年季には関係ない。こちらは現に争われて、事件が立つか潰れるかの問題に直面している。法律を使え」と考えた。

大事な公判に、今時有るか無いか分からないような、細かい部内の約束事だか何だか知らないが、「筋」などというものを引っぱり出してきて、それを盾に自分の不始末を隠そうとするような人間は、許しがたい卑怯者だと思った。

同職の情義というものが見られないと言われるだろうが、法律の力によって引っぱり出すよりほかに方法が考えつかなかった。こちらからの出頭の御願いが筋の通ったものでないからダメだ、というのであれば勾引状にでもよって強制的に呼ぼうとした。

その日の昼食後の休憩時間に苦労人らしい感じの課長が、おどおどした様子でやってきた。あまり日常、用のない課の課長である。

「検事さん、何か、あの方を証人にしたいが、来ないようなら勾引状で引っ張る、とのお考えのようですが」と、同郷の立会事務官からこちらの気配でも聞いたらしい。あの方とは「筋論者」のことだ。黙って顔を見ていると唾を飲み込むようにして、「検事さんは、は、あの方をご存知ないのですか」と言うので、「知らないよ。あんな人」と答えると相手は、何か恐ろしい物を見るような目をして、

「検事さん。私はあの方がここの支部長をなさっていたころお仕えしていたのですが、そのころは帝王と呼ばれていた方なのです」と言うので「何だい。その帝王ってのは」と聞くと、「自分の思うことはどんなことでも通す、というような方で、職員は皆絶対服従していました。あの方に逆らうなんて考えた人は一人もなかったと思います」と言うので、これ以上聞く必要はないと思い、言った。

「俺の考えていることに口を出さないでくれ、俺は相手が帝王でも女王でも必要があれば呼ぶよ。指定の日時に指定の場所に理由もなく出頭しなかったり、逃げ隠れするような真似をすれば法律に従って引っ張るよ。今高い地位にいるからとか、人を呼ぶには『筋を通せ』なんて寝言みたいなことを言って、裁判にとって最も必要な場面から逃げようとする者を、そのまま見過ごすわけにはいかないんだよ。あなたのいうあの方はこの裁判では最も重要な人だから、どうしても来てもらうのさ」と、課長がどのくらい理解したか分からないが、静かに言い聞かせて出て行ってもらった。課長が斥候《せっこう》であったのかどうか知らな

いが、彼が自分の席に戻って数分した頃電話が鳴った。

受話器を取ると帝王からで、午前とは打って変わったように低姿勢になって「出頭することにしたから、日時を後で教えてほしい」と言ってきたので、「裁判所や弁護人と話して決まったら、そちらの都合を聞く」と答えておいた。

公判当日、証人席に出頭した帝王を初めて見た。大柄な赤ら顔の強引そうな人物だったが、公判廷では二、三現在の職務内容等を尋ねただけで、あとは十二、三人待ち構えていた弁護団に、自由に尋問してもらい、夕方終了した際も帝王とは全く言葉を交わすことなく、検事は自分の部屋に戻ってきた。

この支部には、一年と二、三か月在任しただけだったため、結局この事件では、取調べ側は帝王の尋問に立ち会っただけで、その余の検事、副検事の尋問には後任の検事が立ち会って終結まで行き、結局十数人の被告人全員が無罪になったとの連絡を受けた。

おそらく帝王の証言に「筋の通らない」ところが諸所にあって裁判所も信用できなくなったのかもしれない。

浴衣姿がよく似合う

ぽかぽか日和の昼過ぎ、

「奥さん、奥さん」と大きな声で呼びかけたのは、その日検事の住む県営アパートに遊びに来ていた十人近くの事務官のうち二十七、八歳になる頭株の、見るからに快活そうな人物だった。

呼ばれてお燗番《かんばん》や料理作りをしていた家人が手を拭き拭き顔を出すと、

「奥さん、すみませんが、奥さんの浴衣と腰ひもと、それに手拭いを一本、ちょっと貸していただけませんか」と言った。家人は一瞬、戸惑った顔をしたが、「いいですよ、いいですよ。ちょっと待ってください。直ぐ持ってきますから」と言って奥に入り、注文の品を揃えて持ってきて「ハイ、どうぞ」と言って使い道も聞かずに渡した。手にした瞬間頭株は、テーブルの前に座って飲み食いしていた二、三人に目配せをした。

するとと、ビールや酒で多分に爽快になっていた若いのが急にスクッと立ち上がり、口々に「失礼します」などと言って皆の後ろを大股で歩き、勝手に隣室との境の襖を開けて入って行き、一人は手際よく境の唐紙を一枚取りはずして横にし、他の一人は素早く両手を電気の所に伸ばして薄暗い小さい方の電球をつけ、残る一人はスッと襖の蔭に身を隠した。呆気にとられてそれぞれの動きを眺めていたが我に返り、この者達の効率的な動きは昨日、今日覚えたものではなく、ある期間合宿でもして真剣に稽古をして身につけてきたとしか思えず、本当に一糸乱れぬ見事な早業で熟《こな》し、これを玄人はだしというのかなと思った。


こうなると次の場面が待たれる。固唾を呑んで横倒しの唐紙障子の方を見ていると、やがて襖の向こうの薄暗い中から、のんびりとした民謡の声が流れてきて、それとともに団扇を扇ぐ音がして、タバコの紫煙が湯気のように立ち昇る中をあの頭株が姿を見せた。

白地に赤い縦縞の浴衣の前をたっぷりはだけ、大きく抜き襟にして小首をかしげて現われ、うっとりした目をして、しなやかな手つきで手拭いを使って顔や額の汗を拭いながら流し目をくれる場面は、またとない傑作で思わず大声で笑って拍手を送っていたところ、いつの間にか後に来て観劇していた家人は、自分の浴衣があられもない姿に使われていることに呆れ、驚きかつおかしさを堪えた複雑な笑いをしながら、さすがに拍手を送っていた姿もまたおかしかった。芸術院賞でも取れるような舞台だった。

遠い地方からこの未知の土地にやってきた、検事一家を、温かく迎えてくれた記念の日であった。良き時代の若者たちの姿だった。

検事だって人間だ——取調室の窓から

退屈まぎれに、これといった目的もなく、手元の辞書を無造作にめくっていた。指先をただ機械的に動かしていただけなのだが、ふと、「人間」という項目が目に入った。恥ずかしながらその時まで、人間というものに何ら関心がなく「俺だって人間なんだ」なんて力む場面に、出くわしたこともなく、また「俺は考える葦なんだ」と、高尚なことを自分に言い聞かせるような機会もなかった。
ただ、のほほんと馬齢を重ねてきただけなので、ちょうどいい、ちょっと「人間」というものを見てみようという気になり、辞書に目を近寄せて小さな字の用例を追った。

まず、「ひと」とあった。これは分かりすぎるほど分かった。自分が「人」だから。そのうち「どこの人間か知らないが」とか、「人間ができている」などは馴染みの言葉で、うまい例だな、と感じた。また「人間の皮をかぶった悪魔」などというのが出てきたが、これは時折お目にかかったので、面白くこの辞書は、大いに利用してもらえればいいな、と思ったが、ふと、そう褒めてばかりいられない用例のあったことを思い出し、ページを前に戻した。なんとそこには「検事だって人間だ」とあった。一瞬名状しがたい気持ちになった。

なんだい、こんなこと、わざわざ辞書に載せなきゃならないんだ、と頭をひねったが、よくよくこの辞書の意図を推し量ってみると「世間の人々は、検事なんていうものを人間と思っていないんだよ。だから、そうではない、彼らも私たちのような人間なんだよ」と人間宣言をしてくれたのかもしれない、と思ったが、それにしてもこの辞書は一体どういう階層の人々を対象にしているのか、と思って序文を引いてみると、なんと『この辞書は、利用者を中学生から社会人までの広い層を想定している』とあった。

そうなるとこれは、字の読める人の大半が利用するだろうから、この項目をみて「あれっ、検事という生き物、あれは人間だったのか、知らなかったねえ」と今まで検事を人間だなどと思っていなかった人々に対し、「本当は人間なんだよ。そういう目で見てやってほしい」と、助けを出してくれたように思え親しみを感じた。

表紙はだいぶクタビレタようだが、今でも机の隅にある。


ところで、検事というものは、そんなに人間性に欠けた生き物とみられていたのだろうか。

遠い昔に聞いた話だが、大学で法律学を講じていた学者が「ジンセイ検事になるなかれ」と言ったそうだ。聞いた話だから「人の世」というジンセイか、「人の生」と書くジンセイか分からないが、聴講する学生の中には、検事を志している者もいただろうに、壇上からそのように発言するのはよくよくのことで、よほど検事というものに懲り懲りしたことがあったのだろう。

それだけに止まらず、その後、近世においても検事でありながら「検事なんてものは、常識のない、人の言うことなどに一切耳を貸さない、傲慢な生き物だくらいに思われているのさ」と自嘲とも諦めとも思える言葉を口にした人があったようだが、検事自身がそんな気持ちで人を調べたら、いい調べのできないことは勿論、やはり「検事というのは人間なのか」という人の出てくるのは当たり前のことで、これは断じて改めなければならないことである。

それはそれとして、なぜこんな自他ともに好ましくないと思い、思われている職業に就く人間があるのかと問われれば、やはり世間に次々に発生する犯罪というものを、そのまま見過ごせない気持ちの持ち主だからだろう。

だが、そんなに嫌われているものなら、犯罪が発生しても検事なんてものが横からしゃしゃり出て口を挟んだりしないで、被害者と加害者のしたいようにさせておけばいいじゃないか。現に民事訴訟は被害者と加害者が直接裁判官の前で論争し、証拠を出し合って収まりがついているのだから、刑事事件もそうしたらいいだろうという考えも浮かんでくる。しかし、それは極論だ。

殺人も放火も強盗も検事抜きでやらせておくと、遺族または被害者と加害者の直接対決となり感情が先に立って遂には私刑《リンチ》の色彩を帯びてくるので、やはり被害者側と加害者の間に法的知識を持ち、理性的に処理できる機関が必要で、それが検事なんだということで、そこに存在価値があるのだろうが、なぜか、起訴した者が無罪になったり、再審によって冤罪になったりすると検事が矢面に立たされ、悪者であるかのように非難される。そして大方の意見は「検事の調べがきつかったのだろう」、「無理矢理言わせられたに相違ない」、「やっぱり大変な野郎なんだ」という具合に、何でも検事のせいにされるのが当たり前のようになっているが、これを耳にしても検事はひるまない。そんなことを、いちいち気にしていたら仕事にならないからだ。

承知のようにこの国には、一億以上の人間がいる。そういう母体から生まれてきた検事はそれぞれの個性を持つ。

強気の者もいれば温和な者もいる。情け知らずと陰口をたたかれる者もあれば、優しい思いやりのある者もいる。これは検察畑だけにみられる分類ではなく、どこの社会にも見られることで、それは素質、環境の然らしめるところで、人力ではいかんともなしがたいものである。

同様に、検事の取調べを受ける側、多くは被疑者と呼ばれる人たちにも、検事と同様の分類ができるだろう。

それに加えて被疑者が背負ってきている嫌疑は千差万別で、冷酷無情のものもあれば、狡猾卑劣なものもあり、涙なくして聞けないような辛い悲しい動機によるものもあり、また嫌疑を否認し反抗する者もあれば、あるいは反対に素直に認め、反省の情を示す者もいて一様ではない。

取調べは、こういう異質の者同士が、おそらく初対面の場合が多かろう、互いに顔を突き合わせて、「やった、やらない」、「言った、言わない」を明らかにするものであるから、事件が複雑であればあるほど厄介なものとなり、次第に両者が声高になってくるのは自然のなりゆきで、よくあることだが、一旦自白した被疑者が「あれは検事に押し切られ、心にもない自白をしてしまったんだ」などと訴えれば、聞いた者の中には「それはうまくない。ブラックボックスと言われている取調室の中でのことだ。何があったのか分からない。だからその状況が透明になるようにしなければならない。また中で脅しや嫌がらせや無理強いがあったかどうか、録音テープやビデオテープを使って明白にしてもらおうではないか」という傾向が強くなり、密室同様と見られる取調室の中での取調べ結果は信用されなくなってきた。

しかし、それはそれでよい。取調べ状況を開け広げにすることに異論はないが、もし、そのことによって中にいる検事が、自分が監視されているという圧迫感から思い通りの取調べができなくなるようでは困る。おとなしく被疑者の主張することだけを聞いていたのでは調べとは言えず、そうなっては、法治国家の看板を取り外さなければならなくなるので、検事は自信を持って力強い態度で終始しなければいけない。

今は世の風潮の変わり目なのだろう。だが、いつの時代でも正しいものは正しいのだ。その信念のもと取調べに当たってもらいたいのだが、捜査・公判にはそれなりの常道がある。

詳細は、別の機会に譲ることとして、その道なるものをごく大雑把に、思いつくままに書き並べてみよう。

辞書がいってくれているんだ。人間である検事は思いやりのある態度で被疑者に接しよう。

好んで犯罪の道を選ぶ者はない筈だ。そこには、なぜその者が道から外れてしまったかの事情がある筈だ。それは検事の知らないことだ。だから記録によって被疑者の歩みきたった過去を知りかつ本人が話すことを虚心坦懐《きょしんたんかい》に聞くことだ。そこからは検事が思ってもみなかった事実が出てくるかもしれず、また相手が罪を犯すに至った心情が掴めるかも知れない。落ち着いて余計な口を挟まず静かに、時に相槌を打つなりして理解のできるまで、一部始終を語らせることだ。

語る相手と同じ位置に立って、同じ気持ちになって問いかつ答えさせることだ。威張ったり、ガミガミ怒鳴ったりすることは禁物で、静かに耳を傾けて聴取するのが検事だ。

理屈に合わないことを正当だと言い張る者もいるし、証拠上分かりきったことを頑強に否認する者もいる。

しかし、相手は検事の敵ではない。個人的な利害関係は何もない。取調べの結果はいつも自白か否認のうちのどちらかであるから、その職業にある以上、一つや二つの否認など気にすることはない。

正邪を説いて聞かせても聞き入れようとしない者もいる。だがこれを、物分かりの悪い程度の低い奴だ、と憎んだり腹立たしく思うのは未熟だ。人は自分の犯した罪を隠したがるのが本性だ。理屈に合っても合わなくても、否認する者はする。検事は大人でなければ務まらない。

ときに捜査前から「〇〇ありき」などと騒ぎ立てる検事を見掛けるが、あれは一種の売名行為で、真似《まね》てはいけない。捜査というものは一歩一歩石橋を叩いて渡るように進めていくもので、自分の小さな頭の中で思いついた幻のようなものに振り回されて、捜査を進めると間違いが起こる。先入観をもって取調べに当たってはいけない。

だから取調べでは、問いは短く、答えは長く自由に語らせるのが、上手な調べである。

かつて親しくさせていただいていた著名な大学教授が話してくれたことだが、その教授が予備検事であった頃、指導検事からある先輩検事の取調べ状況を傍聴してくるように言われ、終わって戻ってきたところ感想を尋ねられたので「あの検事の調べは自分の方から長々と問いかけ、相手からは一言二言いわせているだけだ」と答えたところ「そうだろう。だから彼はよく否認されるんだ」と聞かせてくれた。これは取調べ状態が逆なのだ。

自白を得たら必ず裏付けを取らなくてはいけない。補強証拠と言われるものだが、それは人の供述でも物の存在、状態でもよい。

ただ、注意すべきは、長い間否認していた者が自白に転じ、殺人に用いた凶器の隠し場所や、地中に埋没した死体の在り処を喋った場合の措置である。捜査側がそれまで全く知り得なかったことだけに、いち早く現場に行って確かめたい気になるが、それはいけない。物事には手順というものがある。

必ず、事前に、そこにある旨の被疑者の調書を作成し、図面を書かせ、しかる後、被疑者に現場まで案内させ、場所を指示特定させてから、探し始めるようにしなくてはいけない。犯人の犯行と結びつく貴重な物だからである。指示した場所と、被疑者の指示状態は必ず写真に撮っておくこと。

古い話だが、年頃の娘八名が殺害され、土中深く埋められた事件で、うち一名の娘さんの死体を山の公園の管理人が掘り出したことがあった。公園を見回り中、見慣れない土まんじゅうがあったので不審に思い、棒切れを刺してみたところ柔らかい手応えがあったので掘ってみたら、その事件で行方不明者とされていた人の死体であったが、それは被疑者の指示によるものではないので最後に処理することとし、直ぐに被疑者の犯行と断定することはしなかった。

被疑者の指示説明によって捜査側が初めて知ったことを「秘密の暴露」と言っている。だから犬の嗅覚や、多数の捜査員が山狩り等で事前に知ってしまった場合は秘密の暴露があったとは言わない。

昭和二十年代であったが、死体の発見につき、それは捜査員が予め死体埋没箇所を知っていて、その場所へ被告人（当時は被疑者）を連れて行き、被告人がこれを指示したもののように仕立てあげたのだ、と言って争った事件があったようだが、事件の成否を左右することであるから慎重を要することである。

調べ中、話が途切れてしまうことがある。そういうときは、相手が応ずるようならば、家庭の状況、悩み事などを聞いてやるのもよい。それは相手の心を和らげ、親近感を持つものだ。わざとでなくごく自然に思いついた時、それを言葉に出して言うことだ。喧嘩相手ではない。一つの部屋の中で人間同士が調べを離れて雑談することもいいものだ。その中から検事の狭い視野の中に、今まで全く知らなかったような世間の一端を知ることができることもある。

ただ、無駄だと思われる深追いは避けるべきだ。

ほとんどの取調官が手一杯のところへ急に送られてきた、今では件名も覚えていないような小さな在宅の雑事件を、俺が引き取ってやろうと言って気軽に持ってこさせた。

被疑者は一部の人から先生と呼ばれている、勤務を終えて本国へ帰ってしまった外国兵と基地の街に残されたオンリーさんとの往復書簡の翻訳を業としている人で、もちろん語学ができる人だった。だから先生として崇められていたのだろう。それだけに気位も高かった。

調べに入る前、ちらっと見た記録に大学法学部卒業とあり、その大学名は若いときから知っており、教授の名前も担当の講座名も著書などで知っていたので懐かしさを感じ、相手の顔もロクに見ないまま次々に、あの教授は元気かとか、あの先生は今どんな研究をしているか等聞いたところ、なんだかだるそうな生返事をしているので、改めて相手の顔を見たら、怒ったようなふくれっ面をして睨んでいた。この検事は警察からの送致犯罪事実ではなく、自分を学歴詐称でもしているのではないか、と思って根掘り葉掘り聞いているんじゃないか、と邪推したらしく、結局、本来の被疑事実など、ふてくされたように答えて帰ってしまった。

余分のことは深追いするものではないと、その時は痛切に感じた。

失敗は成功の基というのが、そうばかりとは言えない。その後も、二十年以上経ってからある鑑定証人に対し、その所属・地位等、後から思えばどっちでもいいことを、しつこく聞いて不興を買ったことがある。

本筋以外のことは、くどくど聞かない方が無難だ。いずれも口が災いしたのだが、検事は商売上「沈黙は金」では用が足りない。せめて銀か銅に止めておきたいのだが、なかなか思うようにはいかないものだ。

検事は事件と関係のないことはペラペラ喋らずに、口数少なく慎重に仕事をした方が評価も高い。

女性の首にひもを二重に巻きつけて殺害した事件があった。その取調べ検事の取った調書には『一重ではなく三重でもなく、二重に巻き付けて絞めたのです』とあった。それは後日公判で「自分は二重と言ったことはなく、一度だけだと言ったのに、強い殺意があったかのように、後から二重と書き加えられたのです」といった弁解ができないように、細かく神経を使って供述させ録取したものであった。

調書録取のお手本といえる。落ち着いた口数の少ない検事だった。

相手方を見下すような調べをしてはいけない。大きな事件を担当した検事が、自分より年配の、社会的地位の高い人を重要参考人として調べた。だが、その参考人が「そのような事実は覚えがない」と答えたところ、その検事は参考人の生年月日を聞き、それに答えると、

「あなたは、そんな古いことを覚えているのに、最近起こった事件のことを覚えていないのか。バーカじゃないのか」と言ったようだ。調べは落第だ。

こういう風に権力に酔いしれて、相手をバカにしたような言い方をする者は検事の風上にも置けない失格者だ。品のない人間だ。

検事を退官して大学の教授になった人がいた。敏腕で名高く在官当時は「あの検事の歩いた跡には草も生えない」と言われていたようで、一つの事件を捜査中、目についた余罪は大小全部摘み取って起訴した。ということだが、きっと、後にものを残すのが嫌だったのかもしれない。

これも一つのやり方なのだろうが、他方、大勢にさして影響のない細々したことは知らぬふりをして目こぼしするのも悪くない、という考えもある。どこからも這い出す隙のないほどがんじがらめに固めずに、その動機などをみて逃げ道を開けておいてやることも「武士の情け」で、検事も一介の人間から武士に格上げされたようで、何らかの事情からそれを知った被疑者は検事の意気に感じ、公判においても、窮鼠《きゅうそ》猫《ねこ》を噛むようなことはせず、審理も円滑に進んでいくかもしれない。

いずれにしてもこれは、調べに当たった検事の考えによるもので、どちらが良いかと一概に言うことはできないことである。

所詮、犯罪の嫌疑を受け取調べられている被疑者にとって、検事は生殺与奪の権を握る存在と思われているのだろう。

そういう立場にあると思われている者が道義上、絶対に犯してはならないことがある。

何だろう、それは。

それは被疑者を騙したり、利益を与えるような言動を用いて弱い相手を欺罔《ぎもう》して自白を取るという、卑劣な行為を指す。

これは、その検事の人間的価値を否定すると同時に検察にとって最大の痛手であり、最高の恥である。


その例として「被告人とその妻は、被告人の犯行を否認していたものであるところ、検察官は、まず被告人に対し、実際はその妻が、そのような自供をしていないのにかかわらず、同女が本件犯行につき被告人と共謀したことを自供した旨を告げて被告人を説得したところ、被告人が共謀を認めるに至ったので、被告人をその妻と交替させ、同女に対し、被告人が共謀を認めている旨を告げて説得すると、同女も共謀を認めたので直ちにその調書を取り、更に同女を被告人と交替させ、再度被告人に対し、妻も共謀を認めているが間違いないかと確認したうえ、その調書を取り、被告人が勾留されている警察署の警察員に対し、もう一度被告人を調べ直すよう指示して、そこでも調書を作成したというもので、このような偽計を用いて相手を錯誤に陥れて、自白を獲得するような尋問方法は厳に避けるべきである。（最大判昭四五・一一・二五―要旨[注]）としており、また、「被疑者が、起訴・不起訴の決定権をもつ検察官の、自白をすれば起訴猶予にする」旨の言葉を信じ、それを期待してした自白は、任意性に疑いがあるので証拠能力を欠く（最大判昭四一・七・一[注]）としている。どちらもなんと恥ずかしい。醜い、浅ましい調べをしたものか。

検事の調べというものは、人間味のあるそして誠実なものでなければならない。

それは、たとえいかなる悪意を抱く者が、いかに悪意の目をもってしても、一点の非の打ち所のないものでなければならず、調書も同様であると思う。

（注）いずれも、判例コンメンタール18刑事訴訟法Ⅱ　高田卓爾編（三省堂）

＜著者プロフィール＞
廣 瀬 哲 彦
昭和 4年　山梨県生まれ
昭和33年　司法試験合格
同　34年　司法修習生
同　36年　検事任官
　福岡、長野、横浜、前橋、浦和、青森各地検、福岡高検等に勤務。各地で多くの事件を担当。とくに前橋地検勤務当時、いわゆる大久保清事件の特命検事として取調べに当たった。
平成 4年　検事退官・弁護士登録（東京弁護士会所属）現在に至る
著書「検事よもやまばなし」平成27年　司法協会

＜挿絵＞
和 田 健 二
元裁判所書記官　クレヨンスクラッチアート・油絵作家
上野の森美術館大賞展、世界絵画大賞展入選
その他入賞入選多数

続 検事よもやまばなし

平成30年６月　第１刷発行

著　　者　廣 瀬 哲 彦
発 行 人　境　　敏 博
発 行 所　一般財団法人 司 法 協 会
〒104-0045　東京都中央区築地1-4-5
第37興和ビル7階
出版事業部
電話(03)5148-6529
FAX(03)5148-6531
http://www.jaj.or.jp

落丁・乱丁はお取り替えいたします。　印刷製本／加藤文明社
ISBN978-4-906929-74-0 C0278 ¥900E